AUTOSAR
与汽车控制器
软件开发

李漠尘
张云云
赵　鹏　著

A U T O S A R
YU
QICHE
KONGZHIQI
RUANJIAN
KAIFA

化学工业出版社

·北京·

内容简介

本书在介绍汽车电控模块开发规范 AUTOSAR 通用知识的基础上,通过重卡自动驾驶整车控制器项目,讲述了基于 AUTOSAR 和英飞凌 TC275 微控制器平台进行车载 ECU 基础软件设计和集成的全过程。AUTOSAR 分层架构的每个部分均从通用方法讲起,再通过具体的模块进行详细过程描述,步骤清晰,配图丰富,旨在让读者能够切实将书中的方法应用在实际项目中。书的最后简要介绍了 AUTOSAR 工具链对道路车辆功能安全和信息安全的支持,为开发符合 ISO 26262、GB/T 34590、ISO 21434、WP.29 R155/R156 等标准的车载控制器软件提供参考。

本书适合于具有一定车载嵌入式软件开发经验和 C 语言基础的读者,可作为高等院校本科生、研究生学习嵌入式软件开发的参考书,也可供汽车电子行业软件工程师学习和参考。

图书在版编目(CIP)数据

AUTOSAR 与汽车控制器软件开发/李漠尘,张云云,赵鹏著. —北京:化学工业出版社,2024.7
ISBN 978-7-122-45532-1

Ⅰ.①A… Ⅱ.①李… ②张… ③赵… Ⅲ.①汽车-电子系统-控制系统-应用软件 Ⅳ.①U463.6

中国国家版本馆 CIP 数据核字(2024)第 087451 号

责任编辑:张海丽　　　　　　　文字编辑:袁　宁
责任校对:王鹏飞　　　　　　　装帧设计:刘丽华

出版发行:化学工业出版社
　　　　　(北京市东城区青年湖南街 13 号　邮政编码 100011)
印　　装:北京天宇星印刷厂
787mm×1092mm　1/16　印张 14¼　字数 331 千字
2024 年 8 月北京第 1 版第 1 次印刷

购书咨询:010-64518888　　　　售后服务:010-64518899
网　　址:http://www.cip.com.cn
凡购买本书,如有缺损质量问题,本社销售中心负责调换。

定　　价:89.00 元　　　　　　　版权所有　违者必究

前言

AUTOSAR（Automotive Open System Architecture）是由全球各大汽车整车厂、汽车零部件供应商、汽车电子软件系统公司联合建立的一套标准协议，该架构旨在改善汽车电子系统软件的更新与交换，同时更方便有效地管理日趋复杂的汽车电子软件系统。

近年来，越来越多的公司采用 AUTOSAR 工具链进行车载 ECU 软件开发，这对采用传统手写代码方式设计程序的工程师而言是个不小的挑战，主要体现在以下三个方面。

① AUTOSAR 规范涉及很多全新的概念，像 RTE、SWC、BswM 这些缩写，对于一些手写代码多年的老工程师是陌生的。

② C 语言编程和使用工具链配置方式进行软件设计，在思路上存在不小的差异，车载软件工程师在开发方式切换的过程中可能会有诸多不适应。

③ 虽然 AUTOSAR 规范也是用 C 语言实现的且源程序可见，但由于模块繁多且每个模块所含的代码量过于庞大，短期内很难再用"把每行代码搞清楚"的方式保证程序质量，而且在程序执行异常时由于开发人员对代码不熟悉，即使是有着多年 C 语言编程经验的老工程师，也可能会有"问题查找无从下手"的感觉。

因此，在使用 AUTOSAR 方式设计车载 ECU 软件的初期，很多项目团队都采用"基础软件外协开发"的模式。即委托第三方软件公司搭建一个 AUTOSAR 工程并给出各主要模块的设计示例，再在此基础上去做自己的项目。这样的开发模式有助于快速适应全新的设计方法，缩短项目周期，但也会带来"过于依赖项目组外部资源，一旦出现错误难以解决"等痛点。

针对以上问题，本书通过一个具体的工程实例，深入浅出地讲解使用 AUTOSAR 工具链方式设计车载 ECU 软件的思路和方法，以期为刚刚进入汽车电子行业的新人和从手写代码切换至工具链开发的车载嵌入式软件工程师提供一些帮助。

本书共 8 章。第 1 章介绍 AUTOSAR 的基础知识。第 2 章介绍 L3 级重卡牵引车线控车辆整车控制器的工程实例及其嵌入式软件的 AUTOSAR 解决方案。第 3~7 章是本书的核心部分，详细介绍 AUTOSAR 工程应用的具体实施过程，目标是让读者对使用工具链方式开发车载 ECU 软件的整个流程有一个清晰的认识，从而学会 AUTOSAR 工具链的基本使用方法。其中，第 3 章从无到有地在 ISOLAR-AB 中创建一个全新的 AUTOSAR 工程，让读者对此类工程的集成步骤有一个比较清晰的认识；第 4 章主要讲解软件架构设计，即 SWC 设计的方法，同时引出 ECU 软件开发中常见的软件组件；第 5 章阐述本书示例所涉及的模式管理、通信、存储等 BSW 模块的设计方法；第 6 章则详细介绍本书示例所用到的 MCAL 各模块的基本概念、配置及接口代码的实现，基本覆盖了常用的 MCAL 模块；第 7 章在对抽象层和外围芯片实现做简要说明的基础上，着重描述基础软件和应用软件的集成步骤。第 8 章主要介绍 AUTOSAR 对功能安全、信息安全的支持，作为本书内容的拓展外延。

本书第 1 章由北汽福田工程研究总院新技术研究院赵鹏编写，第 2~7 章由北汽福田汽车股份有限公司李漠尘编写，第 8 章由北汽福田汽车股份有限公司张云云编写，书中示例为重卡牵引车线控车辆的工程实例。全书由北汽福田工程研究总院新技术研究院王永兴、郭凤刚负责审阅，在此表示衷心感谢！

本书在编写过程中得到了 ETAS 公司技术和销售经理的大力支持和悉心指导，以及福田汽车电控实验室基础软件组全体同仁的鼎力相助，在此一并致谢！

本书适合有一定车载嵌入式软件开发知识和项目经验的读者阅读，可作为高等院校本科生、研究生学习以 AUTOSAR 工具链方式开发车载嵌入式软件的参考书，也可作为汽车电子行业基础软件开发工程师学习和实操的参考资料。

本书中的实操步骤经过了福田汽车电控实验室基础软件组同事的反复检验，且书中项目已经结题并在多辆实车上得到验证。但由于作者水平有限，书中难免出现疏漏之处，真诚希望读者批评指正。

著者
2024 年 2 月

目录

1 AUTOSAR 基础知识 / 001

1.1 AUTOSAR 简介 ·· 001
- 1.1.1 AUTOSAR 优势 ·· 001
- 1.1.2 AUTOSAR 核心思想 ·· 002
- 1.1.3 AUTOSAR 应用现状 ·· 002

1.2 AUTOSAR 分层架构 ··· 003
- 1.2.1 应用软件层 ··· 004
- 1.2.2 运行时环境 ··· 004
- 1.2.3 基础软件层 ··· 004

1.3 AUTOSAR 软件组件 ··· 005
- 1.3.1 软件组件的数据类型 ·· 006
- 1.3.2 软件组件的端口 ··· 006
- 1.3.3 软件组件的端口接口 ·· 006
- 1.3.4 软件组件的内部行为 ·· 007

1.4 AUTOSAR 方法论 ·· 008
- 1.4.1 设计阶段 ··· 008
- 1.4.2 开发步骤 ··· 009

1.5 AUTOSAR 开发策略 ··· 009

2 本书工程实例及 AUTOSAR 解决方案 / 011

2.1 工程实例介绍 ·· 011
- 2.1.1 重卡自动驾驶车辆线控底盘简介 ·· 011
- 2.1.2 车辆线控改造问题 ·· 011
- 2.1.3 重卡自动驾驶车辆网络架构 ··· 012
- 2.1.4 整车控制器功能 ··· 013

2.2 AUTOSAR 解决方案 ··· 014

2.3　AUTOSAR 工具链说明 …… 014

3　AUTOSAR 工程创建和模块集成步骤　/ 015

3.1　AUTOSAR 工程创建 …… 015
3.1.1　文件夹创建 …… 015
3.1.2　工程创建 …… 016
3.1.3　基本接口创建 …… 016

3.2　系统配置 …… 020
3.2.1　部件创建 …… 020
3.2.2　系统创建 …… 020
3.2.3　部件引用和抽取配置 …… 020

3.3　通信配置 …… 023
3.3.1　DBC 文件复制 …… 023
3.3.2　DBC 导入 …… 023
3.3.3　通信模块后续处理 …… 025
3.3.4　抽取 …… 026
3.3.5　生成 RTA-BSW …… 026
3.3.6　arxml 文件合并 …… 028

3.4　模式管理配置 …… 028
3.4.1　EcuM 配置 …… 028
3.4.2　BswM 配置 …… 029

3.5　操作系统配置 …… 031
3.5.1　OS 创建 …… 031
3.5.2　OS 配置 …… 031
3.5.3　RTA-OS 配置 …… 035
3.5.4　RTA-OS 生成 …… 042
3.5.5　集成文件复制 …… 044

3.6　RTE 创建及配置 …… 045
3.6.1　RTE 创建 …… 045
3.6.2　RTE 配置 …… 046

3.7　定点数位域配置 …… 048
3.7.1　Bfx 创建 …… 048
3.7.2　Bfx 配置 …… 049

3.8 Ecuc 数据集配置 ·· 050
　3.8.1 Ecuc Value Collection 创建 ··· 050
　3.8.2 Ecuc Value Collection 配置 ··· 050
3.9 AUTOSAR 平台类型配置 ··· 053
　3.9.1 AR Package 创建 ·· 053
　3.9.2 数据类型添加 ·· 054
3.10 缺省故障追踪器配置 ·· 055
　3.10.1 Det 创建 ··· 055
　3.10.2 Det 配置 ··· 055
3.11 标准类型配置 ·· 057

4　AUTOSAR 软件架构设计　/ 058

4.1 软件组件设计步骤 ·· 058
　4.1.1 创建软件组件 ·· 058
　4.1.2 端口接口设计 ·· 061
　4.1.3 软件组件内部行为设计 ·· 061
　4.1.4 软件组件加入部件 ·· 062
　4.1.5 软件组件加入 ECU ··· 063
4.2 软件组件集成方法 ·· 064
　4.2.1 运行实体添加 ·· 064
　4.2.2 系统信号映射 ·· 064
　4.2.3 内部信号映射 ·· 065
　4.2.4 代码生成 ·· 065
4.3 软件组件设计案例 ·· 070
　4.3.1 软件组件汇总 ·· 070
　4.3.2 信号采集软件组件 ·· 071
　4.3.3 驱动控制软件组件 ·· 073
　4.3.4 基本功能软件组件 ·· 075
　4.3.5 应用软件组件 ·· 079
　4.3.6 其他软件组件 ·· 079

5　AUTOSAR BSW 设计　/ 082

5.1 BSW 设计通用步骤 ··· 082

5.1.1 BSW 相关模块梳理 ········· 082
5.1.2 BSW 模块配置 ········· 083
5.1.3 基础模块配置 ········· 084
5.1.4 微控制器抽象层配置 ········· 085
5.1.5 软件集成 ········· 085

5.2 EcuM 模块设计 ········· 087
5.2.1 EcuM 模块创建和整体配置 ········· 087
5.2.2 EcuM 通用配置 ········· 089
5.2.3 EcuM 灵活状态机配置 ········· 093

5.3 BswM 模块设计 ········· 094
5.3.1 BswM 模块创建和通用配置 ········· 094
5.3.2 模式配置 ········· 097
5.3.3 行为配置 ········· 099
5.3.4 行为列表配置 ········· 103
5.3.5 请求端口配置 ········· 106
5.3.6 模式条件配置 ········· 108
5.3.7 逻辑表达式配置 ········· 112
5.3.8 规则配置 ········· 114
5.3.9 数据类型映射集配置 ········· 117

5.4 NvM 模块设计 ········· 117
5.4.1 存储模块概述 ········· 117
5.4.2 FEE 配置 ········· 118
5.4.3 MemIf 配置 ········· 124
5.4.4 NvM 配置 ········· 125
5.4.5 CRC 配置 ········· 134
5.4.6 存储相关模块配置 ········· 137
5.4.7 存储模块代码生成 ········· 139
5.4.8 存储软件组件设计 ········· 139
5.4.9 存储功能集成 ········· 141
5.4.10 存储代码编写 ········· 143

5.5 其他模块设计 ········· 145

6 AUTOSAR MCAL 设计 / 146

6.1 MCAL 设计通用步骤 ········· 146

6.1.1	MCAL 相关模块梳理	146
6.1.2	Port 模块配置	147
6.1.3	MCU 模块配置	148
6.1.4	UART 模块配置	149
6.1.5	中断配置	152
6.1.6	初始化函数调用	154
6.1.7	静态代码复制	155
6.1.8	调试代码编写	155
6.2	MCU 模块设计	156
6.2.1	通用箱配置	157
6.2.2	MCU 模块配置	158
6.2.3	MCU 复位原因配置	164
6.3	GPT 模块设计	165
6.3.1	通用定时器模块配置	165
6.3.2	中断配置	167
6.3.3	通用定时器配置	168
6.4	Port 模块设计	170
6.5	ADC 模块设计	172
6.5.1	通用箱配置	172
6.5.2	ADC 集配置	174
6.6	SPI 模块设计	181
6.6.1	端口配置	182
6.6.2	中断配置	182
6.6.3	DMA 配置	182
6.6.4	SPI 配置	182
6.6.5	SPI 应用	189
6.7	CAN 模块设计	190
6.7.1	端口配置	191
6.7.2	中断配置	191
6.7.3	CAN 配置	191
6.8	Fls 模块设计	197
6.8.1	Fls 配置	197
6.8.2	Fls 应用	201

7　AUTOSAR 其他部分设计与集成　/ 202

7.1　抽象层设计 ... 202
7.2　芯片驱动设计 ... 203
7.2.1　初始化函数调用 ... 203
7.2.2　核心函数调用 ... 204
7.2.3　头文件路径配置 ... 204
7.3　基础软件与应用软件集成 ... 204
7.3.1　文件复制与工程刷新 ... 204
7.3.2　抽取和运行时环境生成 ... 206
7.3.3　工程编译 ... 206
7.3.4　生成标定文件 ... 206
7.4　其他模块设计 ... 207

8　AUTOSAR 与汽车电子相关技术　/ 208

8.1　AUTOSAR 与功能安全 ... 208
8.1.1　ISO 26262 要求和 AUTOSAR 支持 ... 208
8.1.2　AUTOSAR 安全机制 ... 213
8.1.3　车载 ECU 基础软件功能安全实现 ... 214
8.2　AUTOSAR 与信息安全 ... 215
8.2.1　汽车基础软件信息安全要求 ... 215
8.2.2　AUTOSAR 信息安全模块 ... 216
8.2.3　车载 ECU 软件信息安全实现 ... 217

参考文献　/ 218

本书专业术语汇总

序号	术语/缩写	全称
1	A2L	A2L文件是一个标定的描述文件，基于文本格式，描述ECU通信等相关参数，以及标定、观测变量的地址等
2	ARU	先进路由单元（Advanced Routing Unit）
3	ASIL	汽车安全完整性等级（Automotive Safety Integrity Level）
4	ASW	应用软件（Application Software）
5	ATOM	ARU定时器输出模块（ARU Timer Output Module）
6	BSW	基础软件（Basic Software）
7	BswM	BSW模式管理（BSW Mode Manager）
8	CDD	复杂驱动（Complex Driver）
9	DCM	诊断通信管理（Diagnostic Communication Manager）
10	DEM	诊断事件管理（Diagnostic Event Manager）
11	Det	缺省故障追踪器（Default Fault Tracer）
12	DFLASH	数据闪存（Data Flash）
13	DIO	数字输入输出（Digital Input/Output）
14	DLT	诊断日志和追踪（Diagnostic Log and Trace）
15	EB	SPI外部缓冲区（External Buffer）：用户自定义的数据缓冲区，用于存储SPI收发的数据
16	ECC	扩展一致性类（Extended Conformance Class）
17	EcuM	ECU管理（ECU Manager）
18	FFI	免于干扰（Freedom From Interference）
19	Fls	闪存（Flash）
20	GPT	通用定时器（General Purpose Timer）
21	GTM	通用定时器模块（Generic Timer Module）
22	HSD	高边（High Side）
23	IB	SPI内部缓冲区（Internal Buffer）：MCAL内部定义的数据缓冲区，用于存储SPI收发的数据
24	ICU	输入捕获单元（Input Capture Unit）
25	IOC	内部操作系统-应用程序交互机（Inter OS-Application Communicator）

续表

序号	术语/缩写	全称
26	I-PDU	交互层 PDU(Interaction Layer PDU) (包含数据、长度和 ID 号)
27	ISR	中断服务子程序(Interrupt Service Routine)
28	LSD	低边(Low Side)
29	MC	多核(Multi-Core)
30	MCU	微控制器单元(MicroController Unit)
31	ORTI	OSEK 运行时接口(OSEK Run Time Interface) (OSEK 为德国的汽车电子类开放系统和对应接口标准)
32	OS	操作系统(Operating System)
33	PDU	协议数据单元(Protocol Data Unit)
34	PFLASH	程序闪存(Program Flash)
35	RTE	运行时环境(Real Time Environment)
36	SBC	电源(System Base Chip)
37	SC	单核(Single-Core)
38	SchM	调度器模块(Scheduler Module)
39	SMP	对称多处理技术(Symmetric Multiprocessing)
40	SRC	服务请求控制(Service Request Control)
41	TIM	定时器输入模块(Timer Input Module)
42	TOM	定时器输出模块(Timer Output Module)
43	VCU	整车控制器(Vehicle Control Unit)
44	winIDEA	一种多文档界面的软件
45	静态代码和动态代码	静态代码(Static Code)指各模块功能的具体实现代码；动态代码(Dynamic Code)指由配置工具根据相关配置信息生成的代码,也称为配置代码。 在 AUTOSAR 应用过程中,静态代码实现了某模块的全部功能,且其内容在工具链不更新的前提下是不会改变的。而具体用到该模块的哪些功能以及用何种方式实现这些功能,是由用户通过工具配置出来的,配置结果生成在动态代码的程序文件中
46	内部信号	车载 ECU 内部交互的信号
47	系统信号	车载 ECU 发送或接收的整车 CAN 网络信号
48	信号	包括系统信号和内部信号

1 AUTOSAR 基础知识

AUTOSAR 规范作为汽车嵌入式系统软件的通用性规范,在软件架构、软件开发流程等方面都定义了诸多新概念,掌握这些理论知识是进行符合 AUTOSAR 规范的软件开发的基础。本章从 AUTOSAR 的由来入手,着重介绍与车载软件工程设计相关的基础知识和基本概念。

1.1 AUTOSAR 简介

下面介绍 AUTOSAR 诞生的优势、核心思想和应用现状。

1.1.1 AUTOSAR 优势

当前,随着汽车电子系统复杂性的不断增长和软件代码量的急速上升,传统车载嵌入式系统不支持硬件抽象、软件模块化有限、硬件平台多样化等问题逐渐暴露。每当需要更新硬件(特别是主控芯片型号)时,都会导致电子控制器(ECU)软件重新编写或大规模修改,之后还要进行一系列测试,从而导致了高昂的研发费用和漫长的研发周期。

AUTOSAR 为 Automotive Open System Architecture(汽车开放系统架构)的缩写,是一家致力于制定汽车电子软件标准的联盟。AUTOSAR 由全球汽车制造商、部件供应商及其他电子、半导体和软件系统公司联合建立,各成员保持开发合作伙伴关系。自 2003 年起,各伙伴公司携手合作,致力于为汽车工业开发一个开放的、标准化的软件架构,如图 1-1 所示。这个架构有利于车辆电子系统软件的交换与更新,并为高效管理愈来愈复杂的车辆电子、软件系统奠定了基础。此外,AUTOSAR 在确保产品及服务质量的同时,显著提高了效率。

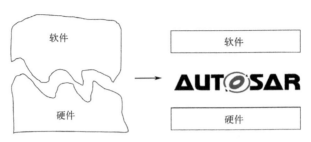

图 1-1 传统软件架构与 AUTOSAR 架构对比

AUTOSAR 规范的出现带来如下主要优势：
① 有利于提高软件复用度，尤其是跨平台的复用度；
② 便于软件的交换与更新；
③ 软件功能可以进行先期架构级别的定义和验证，从而能减少开发错误；
④ 减少手工代码量，减轻测试验证负担，提高软件质量；
⑤ 使用一种标准化的数据交换格式，方便各公司之间的合作交流等。

这些优势对将来愈发复杂的汽车嵌入式系统软件的开发过程大有裨益，在保证软件质量的同时，可以大大降低开发的风险与成本。

1.1.2　AUTOSAR 核心思想

AUTOSAR 成员之间开展合作的主要目标是：使基本系统功能以及功能接口标准化，使得软件开发合作伙伴之间能交换、转换和集成各自的模块功能，最大限度地提高车辆售后的软件更新和系统升级效率。有了这个目标，AUTOSAR 可以把范例从一个基于 ECU 的系统转移到基于功能的系统进行设计开发，统筹技术和经济方面，管理电子电器架构（E/E）复杂性不断增长的汽车软件开发过程。

由于 AUTOSAR 提倡"在标准上合作，在实现上竞争"的原则，标准大家共同制定，但具体的实现方法是由各公司自己去探索的。其核心思想是"统一标准、分散实现、集中配置"。"统一标准"是为了给各厂商提供一个开放的、通用的平台；"分散实现"要求软件系统高度的层次化和模块化，同时要降低应用软件与硬件平台之间的耦合；不同的模块可以由不同的公司去完成开发，但要想完成最终软件系统的集成，就必须将所有模块的配置信息以统一的格式集中整合并管理起来，从而配置生成一个完整的系统，这就是"集中配置"。

采用 AUTOSAR 可使整车厂对于软件采购和控制拥有更灵活和更大的权利。因为 AUTOSAR 不仅在软件的功能、接口上进行了一系列的标准化，还提出了一套规范化的开发流程和方法，这就会让更多的软件供应商进入汽车电子行业，大家都遵循同一个标准去开发，最终比的是产品的功能和质量。

1.1.3　AUTOSAR 应用现状

目前 AUTOSAR 分为经典 AUTOSAR 平台（Classic Platform，CP）和自适应 AUTOSAR 平台（Adaptive Platform，AP）两种，如图 1-2 所示。前者支持高安全性和高实时性的应用场景，后者支持大数据的并行处理。

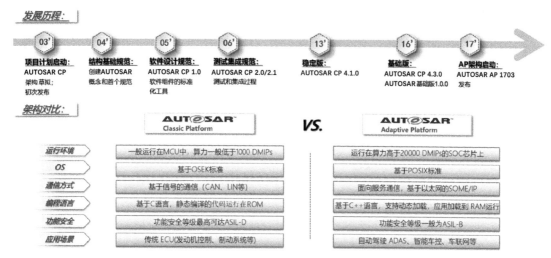

图 1-2 AUTOSAR 发展历程和架构对比

AUTOSAR 规范在国外的应用比国内更早、更普遍、更成熟。大众、博世、通用、德尔福等早已将符合 AUTOSAR 规范的软件应用于其自主研发的车载 ECU 产品中。

2007 年，德国大众汽车公司与 MathWorks、HELLA、NEC 等公司合作开发了符合 AUTOSAR 标准的汽车车身舒适性控制系统，并将该技术应用于大众旗下的帕萨特车型。其开发流程是先使用 Vector 公司的 DaVinci 工具进行控制器软件系统建模，随后自动生成软件组件描述文件，再将软件组件描述文件导入到 Simulink 中进行功能建模以及自动代码生成。该套汽车控制器软件开发流程大大降低了手工编写代码的复杂性。

德国汽车整车厂宝马公司应用 AUTOSAR 架构实现了新宝马 7 系中内存管理、车载网络以及部分诊断功能。其在应用软件层和基础软件层均使用了 AUTOSAR。2009 年款宝马 7 系是符合 AUTOSAR 标准的 ECU 在量产车型中的第一次尝试，这标志着 AUTOSAR 由实验室走向了量产车型，具有里程碑式的意义。

近年来，随着国内新能源汽车相关控制器正向开发需求的增长，AUTOSAR 规范在国内越来越受到大家的关注，并且应用需求也越来越大。目前，福田、上汽、一汽等国内整车厂以及一些零部件供应商开始致力于开发符合 AUTOSAR 规范的车用控制器软件。AUTOSAR 规范也有望成为未来整个汽车电子行业所普遍使用的软件标准。

1.2 AUTOSAR 分层架构

AUTOSAR 分层架构是实现车载电控模块软硬件分离的关键，它使汽车嵌入式系统控制软件开发者摆脱了以往 ECU 软件开发与验证时对硬件系统的依赖。

在 AUTOSAR 分层架构中，汽车嵌入式系统软件自上而下分别为应用软件层（Application Software Layer，ASW）、运行时环境（Runtime Environment，RTE）、基础软件层

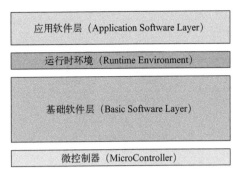

图 1-3　AUTOSAR 分层架构

（Basic Software Layer，BSW）和微控制器（Micro Controller），如图 1-3 所示。为保证上层与下层的无关性，在通常情况下，每一层只能使用下一层所提供的接口，并向上一层提供相应的接口。

1.2.1　应用软件层

应用软件层包含若干个软件组件（Software Component，SWC），软件组件间通过端口（Port）进行交互。每个软件组件可以包含一个或多个运行实体（Runnable Entity，RE），运行实体中封装了相关控制算法，其可由 RTE 事件（RTE Event）触发。

1.2.2　运行时环境

运行时环境作为应用软件层与基础软件层交互的桥梁，为软硬件分离提供了可能。RTE 可以实现软件组件间、基础软件间以及软件组件与基础软件之间的通信。RTE 封装了基础软件层的通信和服务，为应用软件层组件提供了标准化的基础软件和通信接口，使得应用软件层可以通过 RTE 接口函数调用基础软件的服务。此外，RTE 抽象了 ECU 之间的通信，即 RTE 通过使用标准化的接口将其统一为软件组件之间的通信。

RTE 使应用软件层的软件架构完全独立于具体的 ECU 和底层软件。

1.2.3　基础软件层

基础软件层又可分为四层，即服务层（Services Layer）、ECU 抽象层（ECU Abstraction Layer）、微控制器抽象层（MicroController Abstraction Layer，MCAL）和复杂驱动（Complex Drivers），如图 1-4 所示。

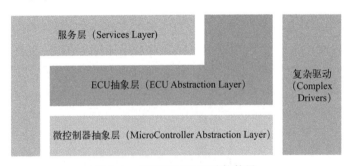

图 1-4　AUTOSAR 基础软件层

（1）服务层

服务层提供了汽车嵌入式系统软件常用的一些服务，其可分为系统服务、存储器服务以及通信服务三大部分。提供包括网络通信管理、存储管理、ECU 模式管理和实时操作系统（Real Time Operating System，RTOS）等服务。除了操作系统外，服务层的软件模块都是与 ECU 平台无关的。

（2）ECU 抽象层

ECU 抽象层包括板载设备抽象（Onboard Devices Abstraction）、存储器硬件抽象（Memory Hardware Abstraction）、通信硬件抽象（Communication Hardware Abstraction）和 I/O 硬件抽象（Input/Output Hardware Abstraction）。该层对 ECU 平台进行了抽象，负责提供统一的访问接口，实现对通信、存储器或者 I/O 的访问，从而不需要考虑这些资源是由微控制器片内提供的，还是由微控制器片外设备提供的。该层与 ECU 平台相关，但与微控制器无关，这种无关性正是由微控制器抽象层来实现的。

（3）微控制器抽象层

微控制器抽象层是实现不同硬件接口统一化的特殊层。通过微控制器抽象层可将硬件封装起来，避免上层软件直接对微控制器的寄存器进行操作。微控制器抽象层包括微控制器驱动（MicroController Drivers）、存储器驱动（Memory Drivers）、通信驱动（Communication Drivers）以及 I/O 驱动（I/O Drivers）。

（4）复杂驱动

由于对复杂传感器和执行器进行操作的模块涉及严格的时序问题，难以抽象，所以在 AUTOSAR 规范中这部分没有被标准化，统称为复杂驱动。

1.3 AUTOSAR 软件组件

软件组件（SWC）不仅是应用软件层的核心，也是一些抽象层、复杂驱动等实现的载体。本节对 SWC 及其基本概念做详细介绍，这是后续进行应用软件层、抽象层等开发的基础。

AUTOSAR 软件组件大体上可分为原子软件组件（Atomic SWC）和部件（Composition SWC），其中，部件可以包含若干原子软件组件或部件。表 1-1 列出了常用软件组件的类型。

表 1-1 常用软件组件汇总

序号	组件类型	描述
1	应用软件组件(Application SWC)	主要用于实现应用软件层控制算法
2	复杂驱动软件组件(Complex Device Driver SWC)	该组件推广了 ECU 抽象层软件组件,可以定义端口与其他软件组件通信,还可以与 ECU 硬件直接交互
3	ECU 抽象层软件组件(ECU Abstraction SWC)	提供访问 ECU 具体 I/O 的能力,也可以直接和一些基础软件进行交互
4	参数软件组件(Parameter SWC)	主要用于处理标定参数
5	传感器执行器软件组件(Sensor Actuator SWC)	用于处理具体传感器或执行器的信号,可以直接与 ECU 抽象层交互
6	服务软件组件(Service SWC)	主要用于基础软件层,可通过标准接口或标准 AUTOSAR 接口与其他类型的软件组件进行交互

事实上，表中的软件组件有的仅仅是概念上的区分，从具体实现和代码生成角度看是差不多的。从工程实践的角度来说，应用软件组件和传感器执行器软件组件是最常用的。

软件组件可以理解为"一系列程序文件（函数）的集合"，下面对其中的一些基本概念做简要说明。

1.3.1 软件组件的数据类型

AUTOSAR 规范定义了三种数据类型（Data Type）：

① 应用数据类型（Application Data Type，ADT），是在软件组件设计阶段抽象出来的数据类型，用于表征实际物理世界的量，是提供给应用软件层使用的，仅仅是一种功能定义，并不生成任何代码。

② 实现数据类型（Implementation Data Type，IDT），是代码级别的数据类型，是对应用数据类型的具体实现。它需要引用基础数据类型，并且还可以配置一些计算方法（Compute Method）与限制条件（Data Constraint）。

③ 基础数据类型（Base Type），指 C 语言中常见的数据类型，如无符号字节型（AUTOSAR 中用 uint8 表示）、有符号长整型（AUTOSAR 中用 sint32 表示）、布尔型（AUTOSAR 中用 boolean 表示，用 uint8 实现）等。

在 AUTOSAR 工程实践中，通常不使用应用数据类型，直接使用实现数据类型表征参数的含义，再将其与基础数据类型进行映射。

1.3.2 软件组件的端口

软件组件的端口根据输入/输出方向可分为：

① 需型端口（Require Port，RPort），用于从其他软件组件获得所需数据或者所请求的操作。

② 供型端口（Provide Port，PPort），用于对外提供某种数据或者某类操作。

③ 供需端口（Provide and Require Port，PRPort），兼有需型端口与供型端口的特性。

AUTOSAR 规范中的"端口"相当于 C 语言中的"变量"，它的"变量类型"就是下面要介绍的"端口接口"。

1.3.3 软件组件的端口接口

由于端口仅仅定义了方向，AUTOSAR 中用端口接口（Port Interface）来表征端口的属性，常用端口接口包括如下两种类型：

① 发送者-接收者接口（Sender-Receiver Interface，S/R），用于表征数据的传递关系。

② 客户端-服务器接口（Client-Server Interface，C/S），用于操作（Operation，OP），即函数调用关系。

对于引用发送者-接收者接口的一组端口而言，需型端口为接收者，供型端口为发送者；对于引用客户端-服务器接口的一组端口而言，需型端口为客户端，供型端口为服务器。

AUTOSAR 规范中的"端口接口"相当于 C 语言中的"结构数据类型"，每个接口由一个或多个"数据元素"组成，相当于结构体的成员。但和数据类型不同的是，除了其包含的每个数据元素分别有一个数据类型之外，每个接口还有一个自己的类型；"S/R"类型表示数据传递，相当于 C 语言中的"b = a"；"C/S"类型表示函数调用，相当于 C 语言中的"b = func（a）"。

1.3.4 软件组件的内部行为

软件组件的内部行为（Internal Behaviour，IB）主要包括：
① 运行实体；
② 运行实体的 RTE 事件；
③ 运行实体与所属软件组件的端口访问（Port Access）。

(1) 运行实体

运行实体是一段可执行的代码，其封装了一些算法。一个软件组件可以包含一个或者多个运行实体。

(2) 运行实体的 RTE 事件

每个运行实体都会被赋予一个 RTE 事件，这个事件可以引发该运行实体的执行。表 1-2 列出了经常用到的 RTE 事件种类。

表 1-2 常用的 RTE 事件种类

序号	RTE 事件	应用场合
1	周期性事件(TimingEvent)	周期性执行的运行实体，需配置其运行周期(Timing Period)
2	操作请求事件(OperationInvokedEvent)	在特定情况下被调用的运行实体，需配置其事件属性(Event Properties)；目标(Target)和端口(Port)
3	软件组件模式切换事件(SwcModeSwitchEvent)	ECU 模式切换触发运行实体的执行

(3) 运行实体与所属软件组件的端口访问

运行实体与所属软件组件的端口访问和端口所引用的端口接口类型密切相关。

对于 S/R 通信，可分为显式（Explicit）和隐式（Implicit）两种模式。若运行实体采用显式模式，数据读写是即时的；隐式模式适用于多个运行实体需要读取相同数据的情况，实现方法是在运行实体执行之前先把数据读到缓存中，在运行实体执行结束后再把数据写出去，即在运行实体被调用前读数据，在其运行结束后写数据，如图 1-5 所示。

图 1-5 S/R 接口的显式模式与隐式模式

对于 C/S 通信，可分为同步（Synchronous）和异步（Asynchronous）两种模式，如图 1-6 所示。

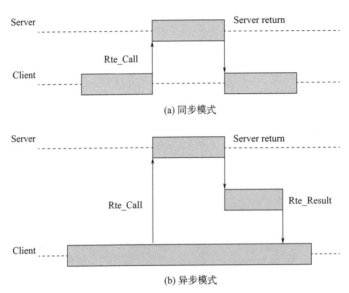

图 1-6 C/S 接口的同步模式和异步模式

1.4 AUTOSAR 方法论

AUTOSAR 为汽车电子软件系统开发过程定义了一套通用的技术方法，即 AUTOSAR 方法论，如图 1-7 所示。其描述了从系统配置到编译部署全过程的设计步骤。

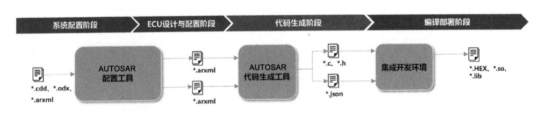

图 1-7 AUTOSAR 方法论

1.4.1 设计阶段

AUTOSAR 设计和开发流程分为三个阶段：系统配置阶段、ECU 设计与配置阶段、代码生成阶段。

首先要定义系统配置文件，这是系统设计者或架构师的任务，包括选择硬件和软件组件，定义整个系统的约束条件。AUTOSAR 通过使用信息交换格式和模板描述文件来减少初始系统设计时的工作量。系统配置的输入是 XML 类型的文件，输出是系统配置描述文件，系统配置的主要作用是把软件组件的需求映射到ECU上。

第二阶段，根据系统配置描述文件提取单个ECU资源相关信息，提取出来的信息生成ECU提取文件。根据这个提取文件对ECU进行配置，例如操作系统任务调度、必要的BSW模块及其配置、运行实体到任务的分配等，从而生成ECU配置描述文件。该描述文件包含了特定ECU的所有信息。

第三阶段，即代码生成，是基于ECU配置描述文件指定的配置来产生代码、编译代码，并把相关的代码链接起来形成可执行文件。

1.4.2 开发步骤

以下为使用AUTOSAR工具链开发车载ECU软件的步骤。

（1）编写系统配置输入描述文件

在AUTOSAR中，所有的描述文件都是XML类型的文件。系统配置输入描述文件包含三部分内容：

① 软件组件描述，定义每个软件组件的接口内容，如数据类型、端口、接口等。

② ECU资源描述，定义每个ECU的资源需求，如处理器、存储器、外围设备、传感器和执行器等。

③ 系统约束描述，定义总线信号、软件组件间的拓扑结构和映射关系。

（2）系统配置

系统配置的功能主要是根据资源和时序关系，把软件组件映射到各个ECU上，然后借助系统配置生成器生成系统配置描述文件。这个描述文件包括总线映射之类的所有系统信息以及软件组件与某个ECU的映射关系。

（3）提取特定ECU的描述

从系统配置描述文件中提取出与各个ECU相关的系统配置描述信息，提取的信息包括ECU通信矩阵、拓扑结构、映射到该ECU上的所有软件组件，并将这些信息放在各个ECU的提取文件中。

（4）ECU配置

ECU配置主要是为该ECU添加必要的信息和数据，如任务调度、必要的基础软件模块及其配置、运行实体及任务分配等，并将结果保存在ECU配置描述文件中，该文件包含了属于特定ECU的所有信息，即ECU上运行的软件可根据这些信息构造出来。

（5）生成可执行文件

根据ECU配置描述文件中的配置信息，生成RTE和BSW的代码，完成基础软件和软件组件的集成，最终生成ECU的可执行代码。

1.5 AUTOSAR开发策略

设计基于AUTOSAR规范的车载ECU软件，如果采用传统的手工编程方式，整个开发流程工作量庞大且复杂度较高，软件开发周期和可靠性都难以保证。因此，在开发实践中通常采用工具链开发方式，即引入标准化的AUTOSAR工具链，有利于提升软件开发效率，且大幅节省项目成本。

目前，国外主流AUTOSAR供应商包括Vector、ETAS、EB等，国内主流AUTOSAR供应商包括东软睿驰、普华基础软件等。

2 本书工程实例及 AUTOSAR 解决方案

本章至第 7 章将通过一个工程实例的开发过程详细介绍符合 AUTOSAR 规范的车载控制器软件开发基本方法。

2.1 工程实例介绍

近年来,各大整车厂都加大了对自动驾驶系统研发的投入,在商用车领域也涌现出了各类自动驾驶车辆。商用车自动驾驶是为客户节约运营成本、提高安全性的有效技术手段。线控底盘车辆是为满足自动驾驶需求而开发的整车,这类车辆包括线控油门、线控制动、线控转向、线控灯光信号、线控辅助设备等。

2.1.1 重卡自动驾驶车辆线控底盘简介

重卡自动驾驶的线控底盘用来做控制执行,是自动驾驶控制技术的核心硬件。线控,即用线(电信号)的形式来取代机械、液压或气动等形式的连接,从而不需要依赖驾驶员的力或者扭矩的输入。

线控系统主要有五大子系统:线控转向、线控油门、线控制动、线控悬架和线控换挡。其中,对于自动驾驶系统来说,线控油门、线控转向、线控制动这三个子系统尤其重要。

2.1.2 车辆线控改造问题

在自动驾驶车辆研发过程中,许多情况下需要重新设计车辆的网络架构或对现有车型进行线控改造,加入与自动驾驶有关的部件并与车辆原有电控单元整合。这个过程至少会带来两个问题。

① 接口形式不支持，不统一。

例如，对于 L3 级（有条件自动驾驶）车辆，模式切换开关通常是必不可少的部件，但如果如图 2-1 所示将其直接与 ADU（自动驾驶单元）相连，当开关形式（自复位开关或锁止开关；0 有效或 1 有效）发生变化时整车厂须协调作为第三方的自动驾驶公司变更软件，增加了供应商管理成本。

图 2-1　自动驾驶系统 ADU
直接采集模式切换开关

图 2-2　自动驾驶系统发动机和
变速箱直接接收 ADU 指令

② 与整车协调有关的功能交互策略在不同 ECU 中实现，整车厂无法把控关键控制逻辑，且相关策略一旦变更，可能涉及不同供应商之间的技术交流和软硬件修改，不利于项目管控。

例如，在图 2-2 所示的"根据 ADU 指令控制车辆动力和挡位"的功能中，核心控制策略在供应商的 ECU 中实现，整车厂无法把控和优化。

如果在重卡自动驾驶车辆中使用带整车控制器（VCU）的网络架构，就可以有效解决上述接口形式转换和逻辑交互协调的问题。

2.1.3　重卡自动驾驶车辆网络架构

图 2-3 和图 2-4 分别为重卡自动驾驶车辆的网络架构图和其中整车控制器的主要交互部件。

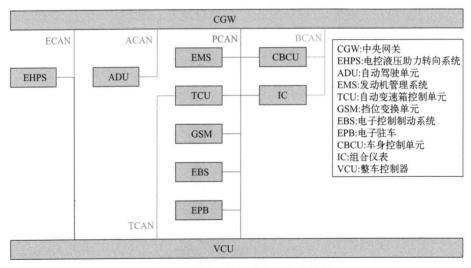

图 2-3　重卡自动驾驶车辆网络架构图

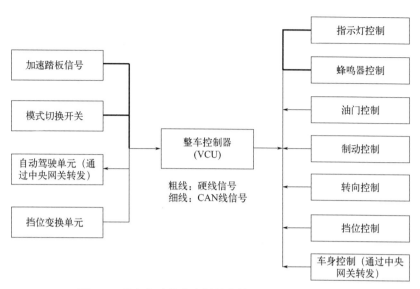

图 2-4 重卡自动驾驶车辆整车控制器主要交互部件

在自动驾驶系统中加入整车控制器（VCU）后，前面提到的"接口形式不支持，不统一"和"与整车协调有关的功能交互策略在不同 ECU 中实现"的缺陷迎刃而解，如图 2-5 和图 2-6 所示。

图 2-5 自动驾驶系统 VCU 采集模式切换开关并用总线方式传递给 ADU

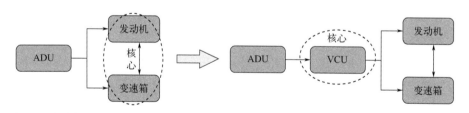

图 2-6 自动驾驶系统 VCU 接收 ADU 指令并将控制策略执行结果发送给发动机和变速箱

由以上分析可以看出，包含 VCU 的自动驾驶车辆网络架构具有布线简单、控制便捷，有助于整车厂在整车控制器中实现或优化控制策略，从而把控关键技术等诸多优势。

2.1.4　整车控制器功能

重卡自动驾驶 VCU 的主要功能包括：根据模式切换开关和整车运行状态判定车辆所处的模式并告知 CAN 网络上的其他 ECU；在自动驾驶和人工驾驶两种模式下进行油门、制动、转向、挡位和车身控制，即将正确的参数以 CAN 报文的方式分别发送给 EMS（发动机管理系统）、EBS（电子控制制动系统）、EHPS（电控液压助力转向系统）、TCU（自动变速箱控制单元）和 CBCU（车身控制单元）。

2.2 AUTOSAR 解决方案

重卡自动驾驶 VCU 软件将遵循 AUTOSAR 方法论开发，如图 2-7 所示。

首先，使用 Matlab/Simulink 进行车辆控制策略开发，主要实现模式切换、加速踏板处理、车辆控制（包括油门控制、制动控制、转向控制、挡位控制、车身控制）、制动输出等功能。各软件组件的源文件、头文件和 arxml 文件作为 AUTOSAR 系统级开发的输入文件，供后续集成使用。

再创建 AUTOSAR 工程，依次进行软件架构设计（即创建和实现由基础软件设计的软件组件）、系统配置、通信配置、操作系统配置、RTE 配置等。

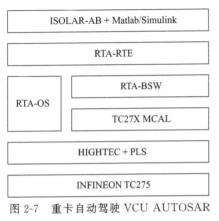

图 2-7 重卡自动驾驶 VCU AUTOSAR 解决方案

接着，在 ISOLAR-AB 环境下，逐一创建并配置所需的 BSW 模块；在 EB Tresos 中实现 MCAL 模块的配置和代码生成；同时用手工编程的方式完成外围芯片驱动程序的编写。

然后，将基础软件和应用软件集成在一起。包括系统信号、内部信号的连接，软件组件添加和抽取，生成 BSW 和 RTE 代码等。

最后，将 MCAL、OS、BSW、RTE 和芯片驱动的代码集成在一起，在 Hightec 环境下编译链接代码并生成 HEX 文件，即可用 PLS 调试器将其下载到主控芯片为 TC275TP64-F200NDCKXUMA1 的电路板中进行调试了。

2.3 AUTOSAR 工具链说明

重卡自动驾驶 VCU 软件除 MCAL 部分使用 Infineon 和 EB 联合开发的 "EB Tresos" 工具进行设计外，其余模块均使用 ETAS 工具链开发，如表 2-1 所示。

表 2-1 重卡自动驾驶 VCU 软件所用 AUTOSAR 工具链汇总

序号	集成开发环境	子工具	功用
1	EB Tresos 16.0	EB Tresos	MCAL 模块设计
2	ISOLAR-AB 4.0.2	ISOLAR-A	系统级架构设计
		RTA-RTE	接口设计
		RTA-BSW	BSW 模块设计
3	RTA-OS 5.6.3	RTA-OS	操作系统设计

3 AUTOSAR工程创建和模块集成步骤

本章讲述在 ETAS 工具链环境下进行工程创建和常用模块集成的全过程,目的是让读者对 AUTOSAR 工程的产生过程有一个大致的了解,从整体上理清以 AUTOSAR 方式设计车载嵌入式软件的思路。

3.1 AUTOSAR 工程创建

下面介绍 AUTOSAR 工程创建和软件组件设计前的一些准备工作,在 ISOLAR-AB 中完成。

3.1.1 文件夹创建

按照表 3-1 创建工程文件夹。

表 3-1 工程文件夹创建

序号	一级文件夹	二级文件夹	三级文件夹
1	hightec_vcu	—	—
2	isolar_ab_vcu	—	—
3	mcal_vcu	—	—
4	vcu	src	ASW、BSW、CDD、INFRA、IOHWAB、RTE、Target

3.1.2 工程创建

双击"ISOLAR-AB V 4.0"图标,弹出图 3-1 所示的界面,按照图示步骤操作进入 ISOLAR-AB 工具的主界面。

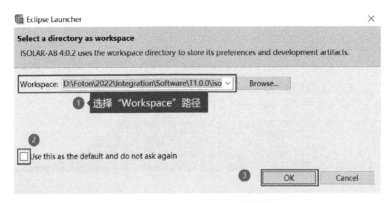

图 3-1　ISOLAR-AB 工作空间选择

在主界面中点击"File->New->AUTOSAR Project"新建工程,弹出图 3-2 所示的界面,按照图中步骤完成工程创建。

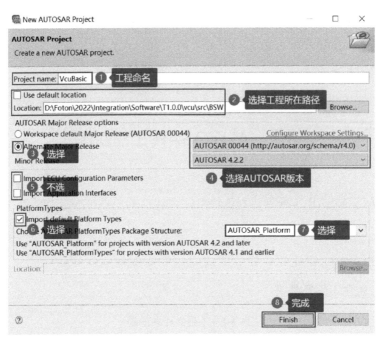

图 3-2　AUTOSAR 工程创建界面

在完成工程创建后,下次即可在"ISOLAR-AB 4.0.2"中选择"File-> Import-> Existing Projects into Workspace",点击"Next",再按照图 3-3 所示的方法将所用工程导入。

3.1.3 基本接口创建

按照下列步骤创建基本数据类型的接口。

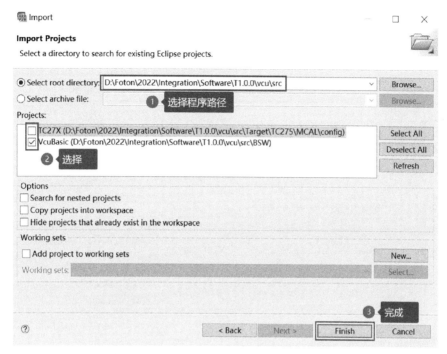

图 3-3 "ISOLAR-AB"环境下导入工程的方法

(1) 创建 arxml 文件

依照图 3-4 的方法创建名为"Interface"的 arxml 文件及相应的 AR Package。

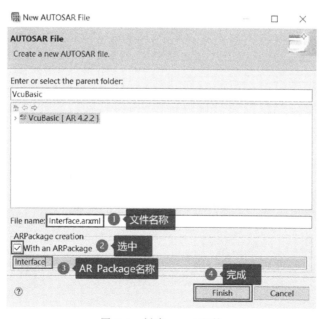

图 3-4 创建 arxml 文件

（2）创建接口

依次创建如表 3-2 所列的接口。

表 3-2 需要创建的基本接口汇总

序号	接口类型	接口名	数据元素	引用
1	S/R	SenderReceiverInterface_boolean	VDP_boolean	/AUTOSAR_Platform/ImplementationDataTypes/boolean
2	S/R	SenderReceiverInterface_float32	VDP_float32	/AUTOSAR_Platform/ImplementationDataTypes/float32
3	S/R	SenderReceiverInterface_float64	VDP_float64	/AUTOSAR_Platform/ImplementationDataTypes/float64
4	S/R	SenderReceiverInterface_sint16	VDP_sint16	/AUTOSAR_Platform/ImplementationDataTypes/sint16
5	S/R	SenderReceiverInterface_sint32	VDP_sint32	/AUTOSAR_Platform/ImplementationDataTypes/sint32
6	S/R	SenderReceiverInterface_sint8	VDP_sint8	/AUTOSAR_Platform/ImplementationDataTypes/sint8
7	S/R	SenderReceiverInterface_uint16	VDP_uint16	/AUTOSAR_Platform/ImplementationDataTypes/uint16
8	S/R	SenderReceiverInterface_uint32	VDP_uint32	/AUTOSAR_Platform/ImplementationDataTypes/uint32
9	S/R	SenderReceiverInterface_uint8	VDP_uint8	/AUTOSAR_Platform/ImplementationDataTypes/uint8
10	S/R	SenderReceiverInterface_uint64	VDP_uint64	/AUTOSAR_Platform/ImplementationDataTypes/uint64
11	S/R	SenderReceiverInterface_sint64	VDP_sint64	/AUTOSAR_Platform/ImplementationDataTypes/sint64

创建接口按照图 3-5～图 3-8 的步骤进行。

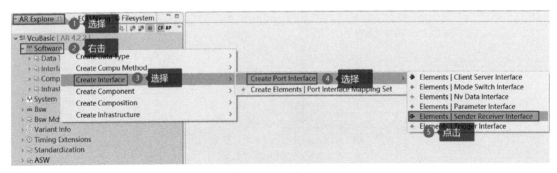

图 3-5 "创建 S/R 类型的接口"启动

3 AUTOSAR工程创建和模块集成步骤 | **019**

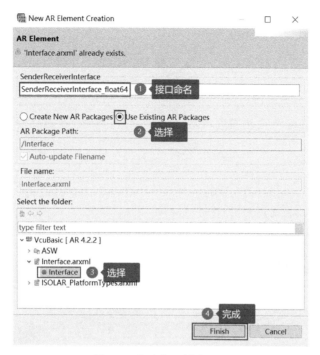

图 3-6 启动接口创建界面

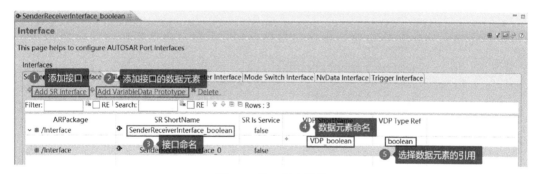

图 3-7 接口创建操作

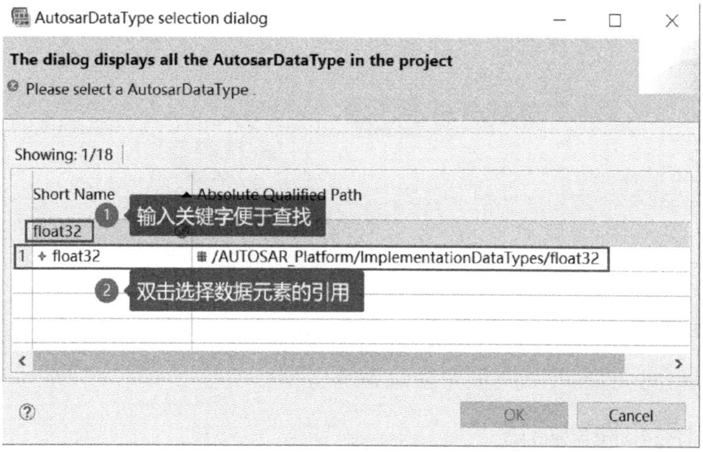

图 3-8 接口数据元素引用选择

3.2　系统配置

系统创建和配置按照下列步骤进行。

3.2.1　部件创建

按照图 3-9 和图 3-10 创建部件。

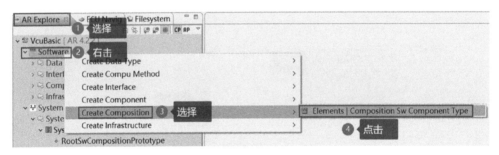

图 3-9　"部件创建"启动

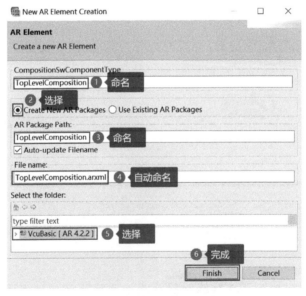

图 3-10　"部件创建"配置

3.2.2　系统创建

按照图 3-11 和图 3-12 所示的步骤创建系统。

3.2.3　部件引用和抽取配置

系统配置包括两部分：建立对部件的引用和抽取配置。

3 AUTOSAR工程创建和模块集成步骤

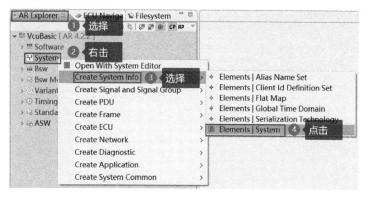

图 3-11 "系统创建"启动

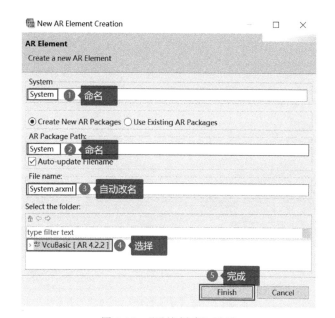

图 3-12 "系统创建"配置

（1）建立系统对部件的引用

按照图 3-13 和图 3-14 所示的步骤进行。

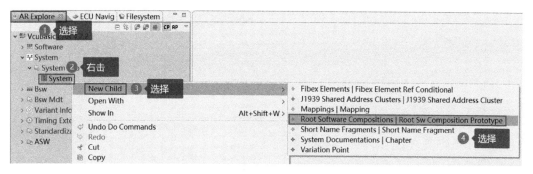

图 3-13 "系统对部件的引用"启动

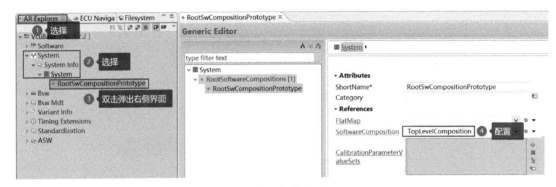

图 3-14 "系统对部件的引用"配置

(2) 系统抽取配置

按照图 3-15 和图 3-16 所示的步骤进行抽取配置，这是为了保证后续抽取操作的正确进行。

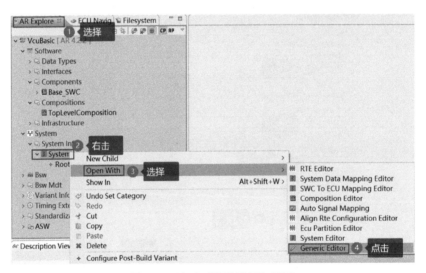

图 3-15 启动"抽取配置"界面

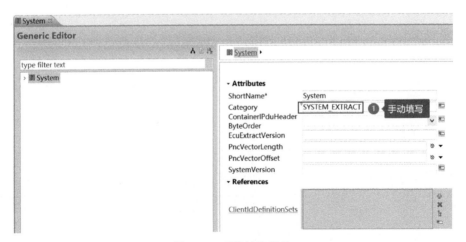

图 3-16 系统抽取配置

（3）映射创建

按照图 3-17 和图 3-18 所示的步骤进行创建和映射配置。

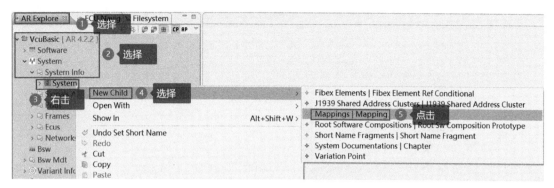

图 3-17　映射创建

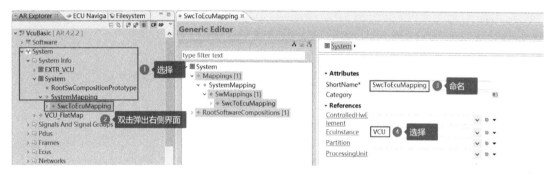

图 3-18　映射配置

3.3　通信配置

下面介绍通信模块配置的基本内容。

3.3.1　DBC 文件复制

在"…\src\BSW"工程路径下创建"dbc"文件夹，将"重卡自动驾驶 VCU"用到的 3 个 DBC 文件复制进来。

3.3.2　DBC 导入

DBC 导入按照下面的步骤进行。

（1）操作启动

点击界面上方的"D"图标，如图 3-19 所示，启动导入 DBC 文件的流程。

（2）文件选择和 CAN 通道映射

ISOLAR-AB 的 COM 配置必须与 MCAL CAN 配置节点序列号一致，为避免重复工作，应按照节点序列号由小到大的次序依次导入。

图 3-19 DBC 文件导入启动

DBC 参数如表 3-3 所列，操作步骤如图 3-20 所示。

表 3-3 重卡自动驾驶 VCU DBC 导入参数

序号	网络名称	节点名称	DBC 文件	TC275 通道
1	Can_Network_1	Can_Network_CANNODE_1	TCAN.dbc	CAN2
2	Can_Network_3	Can_Network_CANNODE_3	ECAN.dbc	CAN3
3	Can_Network_4	Can_Network_CANNODE_4	PCAN.dbc	CAN1

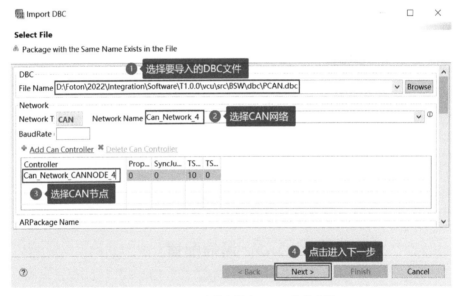

图 3-20 DBC 通道选择和 CAN 通道映射

（3）选择 DBC 文件中所定义的网络节点

按照如图 3-21 所示的步骤进行。

（4）节点报文选择

可以只选择 DBC 中的部分报文加载到节点上，如图 3-22 所示。

① 勾选需要加载的报文。

② "Select All" 表示加载所有报文，首次导入 DBC 文件可勾选本项。

③ "Append Frame Names to Signals" 表示在各信号的末尾添加"报文名"作为尾缀，为防止不同 DBC 中存在相同的信号名，建议勾选本项。

（5）信号增减

完成上述步骤后，工具将弹出 "Compare" 界面，其中以 "+" 开始的信号表示新增项，可以右键选择 "Update" 添加相应信号；以 "-" 开始的信号表示已有项，可以右键

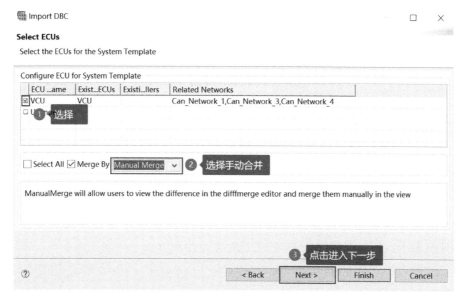

图 3-21　DBC 文件所定义的网络节点选择

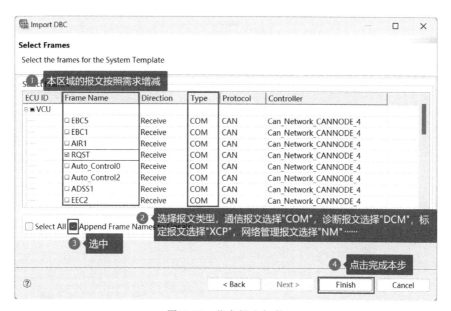

图 3-22　节点报文加载

选择"Delete"删除相应信号。操作完成后关闭该窗口即可，如图 3-23 所示。

首次导入 DBC 时，通常添加全部或大部分信号。

3.3.3　通信模块后续处理

DBC 导入完成后，应视项目需要完成下列工作。

（1）计算方法删除

重卡自动驾驶 VCU 对 CAN 总线信号采用如下处理策略：对于 VCU 接收的信号，由基础软件将总线信号转化为物理信号传递给应用软件；对于 VCU 发送的信号，由应用软件将物理信号转化为总线信号并由基础软件直接发送。

图 3-23 手动处理导入的 DBC 信号

在上述机制下,需要按照图 3-24 将以下两类"计算方法"删除:须手动计算物理值的输入信号的计算方法;所有输出信号的计算方法。

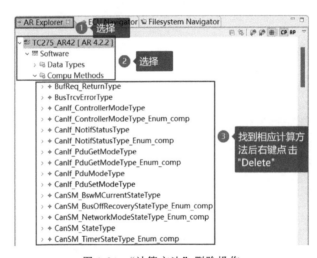

图 3-24 "计算方法"删除操作

(2) 发送帧周期配置

在当前工程环境下,DBC 导入的过程无法将发送帧的周期一并导入,需要用户手动配置,图 3-25 和图 3-26 为配置周期性发送报文的方法。

3.3.4 抽取

抽取操作按照图 3-27 进行,目的是将软件组件添加到相应的 ECU 中。SWC 的创建和设计将在本书第 4 章介绍。

3.3.5 生成 RTA-BSW

按照图 3-28 所示进行,目的是自动生成表 3-4 所列的与 CAN 通信相关的 BSW 模块。

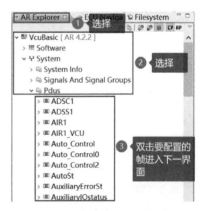

图 3-25 发送帧周期配置(一)

图 3-26 发送帧周期配置（二）

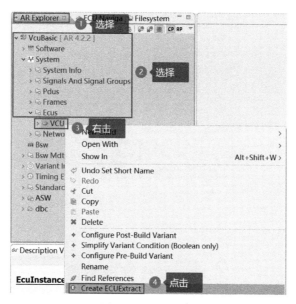

图 3-27 抽取操作

图 3-28 生成 RTA-BSW

表 3-4　RTA-BSW 后自动生成的 BSW 模块

序号	一级文件夹	二级文件夹	BSW 模块
1	Com Stack	Can Modules	CAN
2			CanIf
3			CanSM
4		—	COM
5		—	PduR
6	Mode Mgm	—	ComM
7	Other Modules	—	ComStack
8		—	Ecuc
9		—	rba_ArxmlGen

3.3.6　arxml 文件合并

在前面的"系统配置"过程中生成了 System.arxml 文件，"DBC 导入"时生成了 DBC_SysDesc.arxml 文件。为避免 VCU 接收不到总线信号，需将两者的 AR Package 按照图 3-29 的方法进行合并。

图 3-29　AR Package 合并

3.4　模式管理配置

本节依次进行 EcuM 和 BswM 模块的配置。

3.4.1　EcuM 配置

下面对 EcuM 模块做简要介绍。

（1）模块概述

EcuM 是 ECU 管理的简称，其主要功能包括：

——初始化和反向初始化 OS、SchM、BswM 和一些基础软件驱动模块。

——如果需要，配置 ECU 进入 SLEEP 和 SHUTDOWN 状态。

——管理 ECU 的所有唤醒事件。

（2）EcuM 阶段

EcuM 分为 5 个"阶段（Phase）"，下面做简要描述。

① STARTUP 阶段。STARTUP 阶段的目的是初始化基础软件模块直到通用模式管理机制开始运行。

② UP 阶段。在 UP 刚开始时，BSW 调度器已经启动，BswM 初始化函数已经被调用。但内存管理没有初始化，没有通信栈，RTE 没有启动，SWCs 没有启动。进程通过相应的运行实体（Runnables）以特定模式（STARTUP 后下一个配置项）启动，然后以模式改变的任意组合启动 BswM 执行行为，同时触发或禁用相应的运行实体。

从 EcuM 模块的角度，ECU 已经"启动"。BswM 模块启动模式仲裁和更多 BSW 初始化，通过执行 BswM 行为列表或驱动模式相关调度启动 RTE 和 SWC。初始化 BSW 模块和启动 SWC 可以任意次序进行，直到 ECU 实现全功能。最后，模式切换停止 SWC 并反向初始化 BSW，UP 阶段结束，ECU 达到可以休眠或下电的状态。

③ SHUTDOWN 阶段。SHUTDOWN 阶段处理基础软件模块的关闭，最终使设备关闭或复位。

④ SLEEP 阶段。ECU 在 SLEEP 阶段处于低功耗状态。通常来说，程序代码不再执行，但仍然有供电，ECU 可以被唤醒。EcuM 模块提供可配置的休眠模式集，通常在功耗和重启时间之间做出权衡。

EcuM 模块根据有意或无意的唤醒事件唤醒 ECU，由于无意的唤醒事件应被忽略，EcuM 模块提供了一个验证唤醒事件的协议。该协议规定了在处理唤醒源驱动和 EcuM 之间如何协作处理。

⑤ OFF 阶段。ECU 下电时进入 OFF 状态，此时它只能被集成电源控制的唤醒源唤醒。

（3）EcuM 结构描述

EcuM 模块在大多数情况下仅负责初始化和反向初始化。包括一些基础软件驱动模块的初始化、ECU 唤醒时的重新初始化、OS 初始化和关闭。

在 OS 初始化之后，控制传递给 BswM 之前，EcuM 模块仍需承担附加的初始化步骤；在 OS 关闭之前，BswM 立即将执行控制权交还给 EcuM 模块。

（4）模块配置

EcuM 设计在 ISOLAR-AB 环境下进行，包括 arxml 文件创建、参数配置等步骤，详见本书 5.2 节。

（5）设计目标

EcuM 模块主要实现 MCAL、OS 和 CDD 的初始化。

3.4.2 BswM 配置

下面对 BswM 模块做简要介绍。

(1) 模块概述

BswM 基本功能可以用两个不同的任务来描述：模式仲裁（Mode Arbitration）和模式控制（Mode Control）。

模式仲裁部分对从 SWCs 或其他 BSW 模块接收到的模式请求和模式指示进行基于规则的仲裁，从而引发模式切换。

模式控制部分通过执行行为列表实现模式切换，行为列表中包含其他 BSW 模块的模式切换操作。

(2) 模式仲裁

BswM 执行基于规则的模式仲裁，这些规则由简单的布尔表达式组成。

① 仲裁规则。每个规则是一个包含一组模式请求条件的逻辑表达式。当输入模式请求和模式指示发生变化时，或在 BswM 主函数执行过程中，这些规则被评估。评估结果（TRUE 或 FALSE）用于决定相关模式控制行为列表的执行。

② UP 阶段。逻辑表达式由模式仲裁规则组成，该规则可以使用不同的逻辑运算符，如 AND、OR、XOR、NOT、NAND。表达式中的每个条目对应一个模式请求条件：如果模式条件引用一个 BswM 模式请求端口（BswMModeRequestPort），条件将确认该请求或指示的模式是否与某个特定的模式相等（EQUAL 或 NOT_EQUAL）；如果模式条件引用一个 BswM 事件请求端口（BswMEventRequestPort），条件将确认该请求端口是置位还是清除（SET 或 CLEAR）。

BswM 事件请求与模式请求的区别在于：在事件请求中，请求者不向 BswM 发送要请求的模式/值，BswM 无需评估模式条件，而只需判定接收的事件。当请求者发送/调用该事件时，BswM 事件请求端口处在置位（SET）状态。BswM 后续可以通过执行 BswM 清除事件请求（BswMClearEventRequest）行为重新使 BswM 事件请求端口处在清除（CLEAR）状态。

图 3-30 为包含两个条件的 BswM 规则示例。

```
Arbitration Rule:

If(MyModeRequestPort == MODE_A &&
  ComMInitiateReset == IS_SET){
      Execute the True Action List
}else {
      Execute the False Action List
}
```

图 3-30　包含两个条件的 BswM 规则示例

(3) 模式控制

BswM 的模式控制部分基于模式仲裁的结果执行所有需要的行为（Action），这些行为的集合就是行为列表（Action Lists）。一个行为列表就是一组按顺序排列的行为，在模式仲裁触发时执行。

(4) 设计步骤

BswM 设计在 ISOLAR-AB 环境下进行，包括 arxml 文件创建、参数配置等步骤，详见本书 5.3 节。

（5）设计目标

BswM 模块的设计目标是实现图 3-31 所示的状态机。

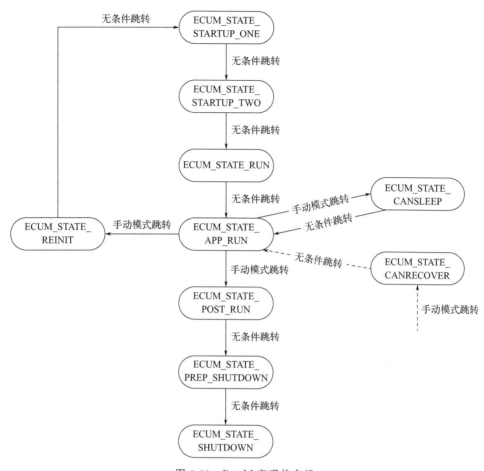

图 3-31　BswM 实现状态机

3.5　操作系统配置

本节创建 OS 模块并完成基础配置。

3.5.1　OS 创建

按照图 3-32 和图 3-33 所示创建 OS 模块，再依照图 3-34 删除多余项。

3.5.2　OS 配置

依次进行 OS 模块的配置。

（1）应用模式配置

按照图 3-35 的步骤进行，配置参数如表 3-5 所列。

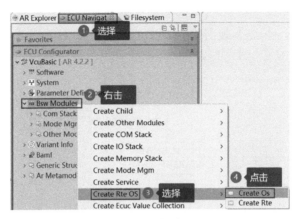

图 3-32 OS 创建启动

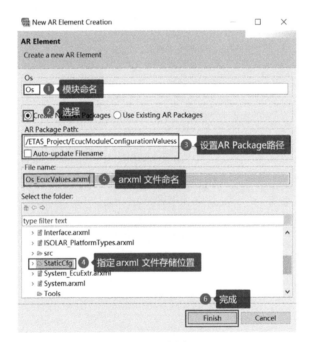

图 3-33 OS 创建配置

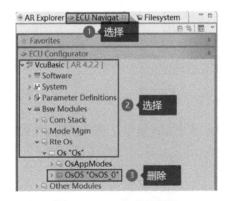

图 3-34 OS 多余项删除

3 AUTOSAR工程创建和模块集成步骤 **033**

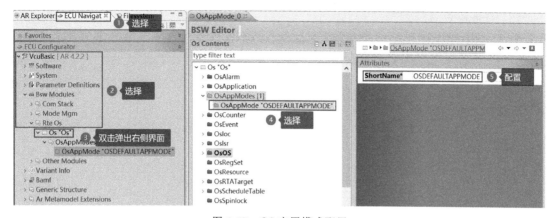

图 3-35　OS 应用模式配置

表 3-5　OS 应用模式参数配置

序号	配置项	配置值	说明
1	ShortName	OSDEFAULTAPPMODE	按照 ISO 17356-3 要求

（2）计数器配置

为 OS 应用配置计数器信息，图 3-36 为其配置方法，表 3-6 列出配置项。

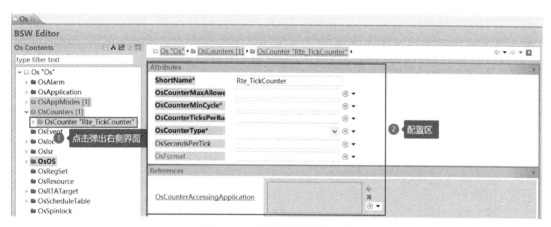

图 3-36　OS 计数器配置方法

表 3-6　OS 计数器参数配置

序号	配置项	配置值	说明
1	ShortName	Rte_TickCounter	配置箱名称
2	OsCounterMaxAllowedValue	—	系统计数器的最大允许值
3	OsCounterMinCycle	—	指定链接到计数器循环报警允许的计数器时标最小数量
4	OsCounterTicksPerBase	—	指定到达计数器特定单元所需的时标数
5	OsCounterType	—	包含计数器的自然类型或单位
6	OsSecondsPerTick	—	单个计数器时标的时间，单位 s
7	OsFormat	—	为每个追踪点指定一种格式的字符串
8	OsCounterAccessingApplication	—	引用可以访问此对象的应用程序

（3）任务配置

配置 OS 任务，图 3-37 为其配置方法，按照项目要求共创建 ASW 1ms（ASW 层以 1ms 为周期的任务，下同）、ASW 5ms、ASW 10ms、ASW 100ms、ASW 1s、BSW 1ms、BSW 5ms、BSW 10ms、BSW 100ms、BSW SWC Request（BSW SWC 请求任务）、BSW DCM Mode（BSW DCM 模式任务）11 个任务，其优先级分别为 39、37、35、33、28、40、38、36、34、60、59。这里的优先级可根据实际项目需要设定，范围为 0～4294967295，数值越大优先级越高。

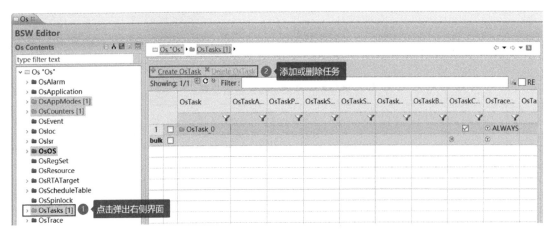

图 3-37　OS 任务配置

表 3-7 和表 3-8 分别为 ASW 1ms 和 BSW SWC Request 任务的参数配置表，其余任务的配置参数与 ASW 1ms 类似。

表 3-7　ASW 1ms 任务参数配置

序号	配置项	配置值	说明
1	ShortName	ASW_OsTask_1ms	任务名
2	OsTaskActivation	1	定义该任务最大数量的队列激活请求，1 表示在任何时刻任务仅允许单次激活
3	OsTaskPriority	39	任务优先级，数值越大优先级越高
4	OsTaskSchedule	FULL	定义任务的可抢占性
5	OsTaskStackAllocation	—	任务手动堆栈分配，以字节为单位
6	OsTaskWaitStack	—	激活等待事件时的任务堆栈使用
7	OsTaskBudget	—	执行预算，以"浮点数＋时基名＋单位"表达
8	OsTaskCanCallSchedule	—	任务调用或可能调用"Schedule（）"时配置为 TRUE
9	OsTraceFilter	—	描述任务能否被 RTA-TRACE 追踪
10	OsTaskAccessingApplication	—	访问该对象应用的引用
11	OsTaskEventRef	—	此引用定义了扩展任务可能会响应的事件列表
12	OsTaskResourceRef	—	此引用定义了该任务访问的资源列表
13	OsRegSetRef	—	该任务用到的寄存器集的引用

表 3-8 BSW SWC Request 任务参数配置

序号	配置项	配置值	说明
1	ShortName	BSW_OsTask_SwcRequest	任务名
2	OsTaskActivation	1	定义该任务最大数量的队列激活请求,1 表示在任何时刻任务仅允许单次激活
3	OsTaskPriority	60	任务优先级,数值越大优先级越高
4	OsTaskSchedule	NON(没有内部资源分配给该任务)	定义任务的可抢占性
5	OsTaskStackAllocation	—	同表 3-7
6	OsTaskWaitStack	—	
7	OsTaskBudget	—	
8	OsTaskCanCallSchedule	—	
9	OsTraceFilter	—	
10	OsTaskAccessingApplication	—	
11	OsTaskEventRef	—	
12	OsTaskResourceRef	—	
13	OsRegSetRef	—	

3.5.3 RTA-OS 配置

在生成 RTE 成功后进行 RTA-OS 配置。

(1) 工程创建

点击 "File->New Project" 新建工程,按照图 3-38 配置工程属性。

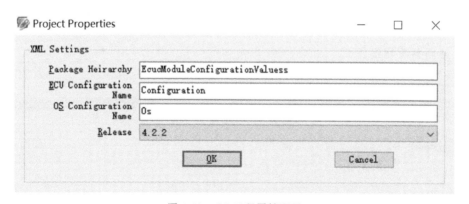

图 3-38 OS 工程属性配置

(2) 文件加载

按照图 3-39 将 "…\src\RTE\gen" 路径下的 osNeeds.arxml 文件加载进来,操作成功后工程右侧将出现图 3-40 所示的配置项。

(3) 工程保存

将工程创建时自动生成的 arxml 文件按照图 3-41 的方法命名为 "RTAOS.arxml",并将其保存至 "…\src\Target\TC275\RTAOS\config" 路径下。

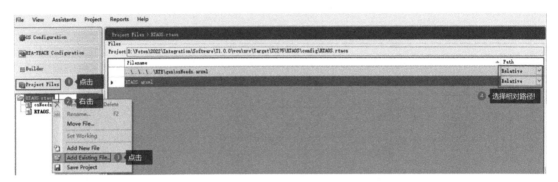

图 3-39　OS 工程文件加载

为避免后续 RTA-OS 生成过程中出现警告,最好在 ISOLAR-AB 的 AUTOSAR Explorer 窗口下将配置参数的路径改为:ETAS _ Project \ EcucModuleConfigurationValuess。

图 3-40　OS 配置项

图 3-41　将 OS 工程自动生成的 arxml 更名

(4)通用参数配置

OS 通用参数配置按照图 3-42 进行,配置参数详见表 3-9～表 3-19。

图 3-42　OS 通用参数配置

表 3-9　General->General 参数配置

序号	配置项	配置值	说明
1	Scalability	SC1	可伸缩性
2	Status	STANDARD	标准状态
3	Enable Stack Monitoring	FALSE	不使能堆栈监控
4	Number of OS Cores	1	OS 核数

表 3-10 General->Hooks 参数配置

序号	配置项	配置值	说明
1	Call Startup Hook	TRUE	调用启动钩子函数
2	Call Shutdown Hook	TRUE	调用关闭钩子函数
3	Call Pre-Task Hook	FALSE	不调用前置任务钩子函数
4	Call Post-Task Hook	FALSE	不调用后置任务钩子函数
5	Call Stack-Overrun Hook	FALSE	不调用堆栈溢出钩子函数
6	Call Protection Hook	FALSE	不调用保护钩子函数
7	Code Location	<undefined>	代码位置

表 3-11 General->Error Hook 参数配置

序号	配置项	配置值	说明
1	Call Error Hook	TRUE	调用异常钩子函数
2	Record Service ID	FALSE	不记录服务 ID
3	Record Parameters	FALSE	不记录参数

表 3-12 General->Timing 参数配置

序号	配置项	配置值	说明
1	Enable Time Monitoring	FALSE	禁用时间监控
2	Timing Protection Interrupt	FALSE	禁用定时保护中断
3	Omit Timing Protection	TRUE	省略定时保护

表 3-13 General->Optimizations->AUTOSAR 参数配置

序号	配置项	配置值	说明
1	Use RES_SCHEDULER	FALSE	不适用资源调度程序

表 3-14 General->Optimizations->RTA-OS 参数配置

序号	配置项	配置值	说明
1	Optimize for core-local memory	<undefined>	优化核心本地内存
2	Fast Termitate	<undefined>	快速结束
3	Disallow upwards activation	<undefined>	不允许向上激活
4	Disallow ChainTask()	<undefined>	不允许链任务
5	Disallow Schedule()	<undefined>	不允许调度
6	Optimize Schedule()	<undefined>	优化调度
7	Allow STANDARD Status in SC3/SC4	<undefined>	在 SC3/SC4 中允许标准状态
8	Allow Alarm Callbacks in SC2/SC3/SC4	<undefined>	在 SC2/SC3/SC4 中允许报警回调

续表

序号	配置项	配置值	说明
9	Omit activation checks for WAITING state	\<undefined\>	省略对等待状态的激活检查
10	Asynchronous TASK activation	\<undefined\>	异步任务激活
11	AsyncQ	\<undefined\>	指定当"异步任务激活"选项生效时所使用队列的大小
12	Add Function Protection	\<undefined\>	添加功能保护
13	Omit Memory Protection	\<undefined\>	省略内存保护
14	Untrusted code can read OS data	\<undefined\>	不受信任的代码可以读取操作系统数据
15	Single Memory Protection Zone	\<undefined\>	单存储器保护区
16	Stack Only Memory Protection	\<undefined\>	仅堆栈存储器保护
17	Omit Service Protection in SC3/SC4	\<undefined\>	在 SC3/SC4 中省略服务保护
18	Omit Terminate Application	\<undefined\>	省略终止应用程序
19	Only Terminate Untrusted Applications	\<undefined\>	仅终止不受信任的应用程序
20	Enable Elapsed Time Recording	\<undefined\>	启用运行时间记录
21	Enable Activation Monitoring	\<undefined\>	启用激活监视
22	Support Delayed Task Execution	\<undefined\>	支持延迟任务执行
23	Collect OS usage metrics	\<undefined\>	收集操作系统使用指标
24	Additional Task Hooks	\<undefined\>	附加任务钩子函数
25	Task Activation Hook	\<undefined\>	任务激活钩子函数
26	Additional ISR Hooks	\<undefined\>	附加 ISR 钩子函数
27	Provide spinlock statistics	\<undefined\>	提供自旋锁机制的 API
28	Force spinlock error checks	\<undefined\>	强制自旋锁错误检查
29	Add Spinlock APIs for CAT1 ISRs	\<undefined\>	为一类 ISRs 添加自旋锁机制的 API
30	Stack Sampling	\<undefined\>	堆栈采样
31	MemMap level	\<undefined\>	内存映射等级
32	IOC Data	\<undefined\>	IOC 数据
33	IOC Code	\<undefined\>	IOC 代码
34	Disable IOC optimizations	\<undefined\>	禁用 IOC 优化
35	IOC blocking threshold	\<undefined\>	IOC 堵塞阈值
36	Separate Suspend/ResumeAllInterrupts	\<undefined\>	单独挂起/恢复所有中断
37	Allow TaskRefType x=&taskname;	\<undefined\>	允许使用任务名引用任务类型
38	Separate for ASIL	\<undefined\>	独立 ASIL 等级

表 3-15 General->Target->Target Selection 参数配置

序号	配置项	配置值	说明
1	Name	TriCoreHighTec	微处理器和编译器名称
2	Version	5.0.21	版本号
3	Variant	TC27xD	主控芯片型号

表 3-16 General->Target->Vectors 参数配置

序号	配置项	配置值	说明
1	Suppress Vector Table Generation	<undefined>	抑制向量表生成
2	Default Interrupt Name	<undefined>	缺省中断名称

表 3-17 General->Target->Clock Speeds 参数配置

序号	配置项	配置值	说明
1	Instruction Cycle Rate(Hz)	200000000	指令循环速率,单位为 Hz
2	Stopwatch Speed(Hz)	100000000	秒表速度,单位为 Hz

表 3-18 General->Target->Default Stack Values (bytes) 参数配置

序号	配置项	配置值	说明
1	Tasks	<undefined>	任务
2	Category 1 ISRs	<undefined>	一类 ISRs
3	Category 2 ISRs	<undefined>	二类 ISRs

表 3-19 General->Target->Target Specific 参数配置

序号	配置项	配置值	说明
1	Stack used for C-startup	<undefined>	OS 启动时已用的堆栈
2	Stack used when idle	<undefined>	空闲时使用的堆栈
3	Stack overheads for ISR activation	<undefined>	用于 ISR 激活的堆栈开销
4	Stack overheads for ECC tasks	<undefined>	用于 ECC 任务的堆栈开销
5	Stack overheads for ISR	<undefined>	用于 ISR 的堆栈开销
6	ORTI/Lauterbach	<undefined>	选择劳德巴赫调试器
7	ORTI/winIDEA	<undefined>	选择 winIDEA 调试器
8	ORTI Stack Fill	<undefined>	ORTI 堆栈填充
9	Support winIDEA Analyzer	<undefined>	支持 winIDEA 分析器
10	ORTI/SMP	<undefined>	生成 ORTI/SMP
11	CrossCore SRC0	<undefined>	交叉核 SRC0
12	CrossCore SRC1	<undefined>	交叉核 SRC1

续表

序号	配置项	配置值	说明
13	CrossCore SRC2	<undefined>	交叉核 SRC2
14	CrossCore SRC3	<undefined>	交叉核 SRC3
15	CrossCore SRC4	<undefined>	交叉核 SRC4
16	CrossCore SRC5	<undefined>	交叉核 SRC5
17	Block default interrupt	<undefined>	块缺省中断
18	User Mode	<undefined>	用户模式
19	Trusted with protection PRS	<undefined>	信任受保护的 PRS
20	Guard supervisor access	<undefined>	管理员访问安全检查
21	Interrupt vector matchs priority	<undefined>	中断向量匹配优先级
22	OS Locks disable Cat1	<undefined>	OS 锁禁用一类中断
23	Enable stack repositioning	<undefined>	启用堆栈重新定位
24	Link Type	<undefined>	链接类型
25	Memory model	Large	存储器模式
26	Optimization	<undefined>	优化组合
27	Small const threshold	<undefined>	小常量阈值
28	Small data threshold	<undefined>	小数据阈值
29	Mcpu override	<undefined>	MCPU 覆盖
30	Emit stack usage	<undefined>	释放堆栈使用情况
31	Far jumps	<undefined>	选择远跳转
32	Customer Option Set 1	<undefined>	选择另一组固定的编译器选项

(5) 应用模式配置

按照图 3-43 将 OS 应用模式配置为 OSDEFAULTAPPMODE。

图 3-43 OS 应用模式配置

按照图 3-44 配置表 3-20 列出的中断，这些中断应用在重卡自动驾驶 VCU 项目中。

图 3-44 OS 中断配置

表 3-20 OS 中断配置参数

序号	名称	类别	优先级	地址
1	GTMATOM0SR0_ISR	CATEGORY_2	10	GTM ATOM0 shared SR0(SRC_GTMATOM00)
2	DMACH48SR_ISR	CATEGORY_2	27	DMA Channel 48(SRC_DMACH48)
3	DMACH49SR_ISR	CATEGORY_2	28	DMA Channel 49(SRC_DMACH49)
4	DMACH50SR_ISR	CATEGORY_2	29	DMA Channel 50(SRC_DMACH50)
5	DMACH51SR_ISR	CATEGORY_2	30	DMA Channel 51(SRC_DMACH51)
6	DMACH52SR_ISR	CATEGORY_2	31	DMA Channel 52(SRC_DMACH52)
7	DMACH53SR_ISR	CATEGORY_2	32	DMA Channel 53(SRC_DMACH53)
8	DMACH54SR_ISR	CATEGORY_2	33	DMA Channel 54(SRC_DMACH54)
9	DMACH55SR_ISR	CATEGORY_2	34	DMA Channel 55(SRC_DMACH55)
10	QSPI3UD_ISR	CATEGORY_2	35	QSPI 3 User Defined(SRC_QSPI3U)
11	QSPI1UD_ISR	CATEGORY_2	37	QSPI 1 User Defined(SRC_QSPI1U)
12	QSPI0UD_ISR	CATEGORY_2	38	QSPI 0 User Defined(SRC_QSPI0U)
13	DMAERRSR_ISR	CATEGORY_2	39	DMA Error(SRC_DMAERR)
14	QSPI3ERR_ISR	CATEGORY_2	40	QSPI 3 Error(SRC_QSPI3ERR)
15	QSPI1ERR_ISR	CATEGORY_2	42	QSPI 1 Error(SRC_QSPI1ERR)
16	QSPI0ERR_ISR	CATEGORY_2	43	QSPI 0 Error(SRC_QSPI0ERR)
17	QSPI3PT_ISR	CATEGORY_2	44	QSPI 3 Phase Transition(SRC_QSPI3PT)
18	QSPI1PT_ISR	CATEGORY_2	46	QSPI 1 Phase Transition(SRC_QSPI1PT)
19	QSPI0PT_ISR	CATEGORY_2	47	QSPI 0 Phase Transition(SRC_QSPI0PT)
20	CANSR11_ISR	CATEGORY_2	59	MULTICAN+SR11(SRC_CANINT11)
21	CANSR10_ISR	CATEGORY_2	60	MULTICAN+SR10(SRC_CANINT10)
22	CANSR9_ISR	CATEGORY_2	61	MULTICAN+SR9(SRC_CANINT9)
23	CANSR8_ISR	CATEGORY_2	62	MULTICAN+SR8(SRC_CANINT8)
24	CANSR7_ISR	CATEGORY_2	63	MULTICAN+SR7(SRC_CANINT7)
25	CANSR6_ISR	CATEGORY_2	64	MULTICAN+SR6(SRC_CANINT6)
26	CANSR5_ISR	CATEGORY_2	65	MULTICAN+SR5(SRC_CANINT5)
27	CANSR4_ISR	CATEGORY_2	66	MULTICAN+SR4(SRC_CANINT4)
28	CANSR3_ISR	CATEGORY_2	67	MULTICAN+SR3(SRC_CANINT3)
29	CANSR2_ISR	CATEGORY_2	68	MULTICAN+SR2(SRC_CANINT2)
30	CANSR1_ISR	CATEGORY_2	69	MULTICAN+SR1(SRC_CANINT1)
31	CANSR0_ISR	CATEGORY_2	70	MULTICAN+SR0(SRC_CANINT0)

注意：表 3-20 中的"名称"项非自行命名，须与 Xxx_Irq.c 中的名称一致，否则编译无法通过，具体参照图 3-45。

```
/*****************************************************************
** Syntax : void CANSR0_ISR(void)                               **
**                                                              **
** Service ID: NA                                               **
**                                                              **
** Sync/Async: Synchronous                                      **
**                                                              **
** Reentrancy: Reentrant                                        **
**                                                              **
** Parameters (in): None                                        **
**                                                              **
** Parameters (out): None                                       **
**                                                              **
** Return value: None                                           **
**                                                              **
** Description : Service for CAN Controller 0 Transmission event **
**                                                              **
*****************************************************************/
#if (IRQ_CAN0_EXIST == STD_ON)
#if((IRQ_CAN_SR0_PRIO > 0) || (IRQ_CAN_SR0_CAT == IRQ_CAT23))
#if((IRQ_CAN_SR0_PRIO > 0) && (IRQ_CAN_SR0_CAT == IRQ_CAT1))
IFX_INTERRUPT(CANSR0_ISR, 0, IRQ_CAN_SR0_PRIO)
#elif IRQ_CAN_SR0_CAT == IRQ_CAT23
ISR(CANSR0_ISR)          ① ← 写到RTA-OS环境下中断配置表中的名称
#endif
{
#if (IRQ_CAN_SR0_CAT == IRQ_CAT1)
    Mcal_EnableAllInterrupts();
#endif
  #ifdef CAN_TX_PROCESSING_HWCONTROLLER0
  #if (CAN_TX_PROCESSING_HWCONTROLLER0 == CAN_INTERRUPT)
    Can_17_MCanP_IsrTransmitHandler(CAN_HWCONTROLLER0);
  #endif
  #endif
}
#endif
#endif
```

图 3-45　中断配置名称示例

3.5.4　RTA-OS 生成

按照下列步骤生成 OS 代码。

（1）文件夹创建

在"…\src\Target\TC275"路径下创建表 3-21 所示的文件夹。

表 3-21　RTAOS 文件夹创建

序号	一级文件夹	二级文件夹	三级文件夹	四级文件夹	五级文件夹
1①	RTAOS	config			
2		generated	inc		
3			lib		
4			report		
5②		integration	inc		
6			src		
7③	MCAL	modules	general	inc	
8④				tricore	compiler
9⑤					inc

① 前面已创建。
② 手动编写集成代码：Os_Compiler_Cfg.h、Os_MemMap.h。
③ 从 MCAL 安装路径下复制下列文件：Std_Types.h。
④ 从 MCAL 安装路径下复制下列文件：Compiler.h、Compiler_Cfg.h。
⑤ 从 MCAL 安装路径下复制下列文件：Platform_Types.h。

3 AUTOSAR工程创建和模块集成步骤

（2）生成配置

按照图 3-46～图 3-48 的方法和表 3-22～表 3-24 中的参数依次进行 RTA-OS 生成配置。

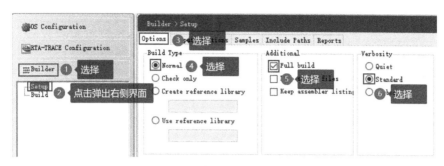

图 3-46　RTA-OS 生成选项配置

图 3-47　RTA-OS 生成输出位置配置

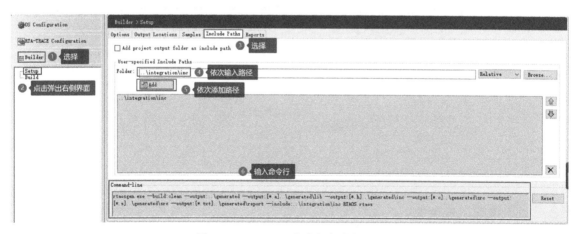

图 3-48　RTA-OS 生成包含路径配置

表 3-22　项目输出文件夹配置

序号	配置项	配置值	说明
1	Project Output Folder	...\generated	项目输出文件夹

表 3-23　生成文件输出位置配置

序号	文件类型（Pattern）	输出位置（Output Location）	路径（Path）
1	*.a	…\generated\lib	Relative
2	*.h	…\generated\inc	Relative
3	*.c	…\generated\src	Relative
4	*.s	…\generated\src	Relative
5	*.txt	…\generated\report	Relative

表 3-24　用户指定包含路径配置

序号	配置项	配置值
1	包含路径	…\integration\inc …\generated\inc …\…\MCAL\modules\general\inc …\…\MCAL\modules\general\tricore\compiler …\…\MCAL\modules\general\tricore\inc
2	命令行	rtaosgen.exe##--output:…\generated##--output:[*.a]…\generated\lib--output:[*.h]…\generated\inc##--output:[*.c]…\generated\src--output:[*.s]…\generated\src--build:clean--include:…\integration\inc--include:…\generated\inc##--output:[*.txt]…\generated\report--include:…\…\MCAL\modules\general\inc##--include:…\…\MCAL\modules\general\tricore\compiler##--include:…\…\MCAL\modules\general\tricore\inc RTAOS.rtaos

（3）生成操作

按照图 3-49 生成 OS 的代码。

图 3-49　OS 代码生成

3.5.5　集成文件复制

按照表 3-25 设计程序文件（均为手写）。

表 3-25　OS 集成有关的程序文件

序号	路径	文件
1	…\src\Target\TC275\RTAOS\integration\src	ErrorHook.c、Os_Integration.c
2	…\src\INFRA\integration\src	main.c、Integration.c
3	…\src\INFRA\integration\inc	main.h、VectorTable_Core0.h

3.6 RTE 创建及配置

下面创建 RTE 模块并完成基础配置。

3.6.1 RTE 创建

按照图 3-50 和图 3-51 创建 RTE 模块，再依图 3-52 删除多余项。

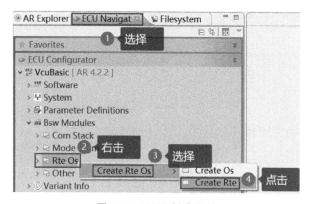

图 3-50　RTE 创建启动

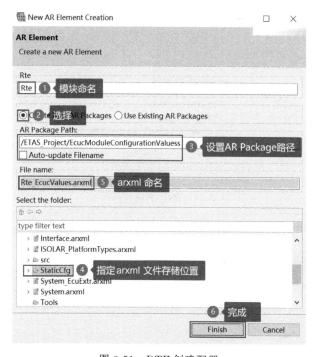

图 3-51　RTE 创建配置

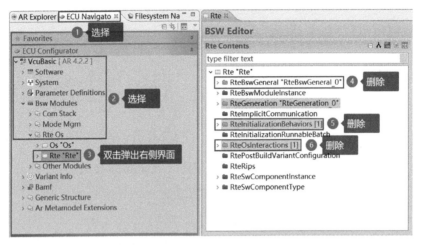

图 3-52　RTE 多余项删除

3.6.2　RTE 配置

依次进行 RTE 模块的配置。

（1）RTE 生成配置

配置 RTE 生成参数，图 3-53 为其配置方法，表 3-26 列出配置项。

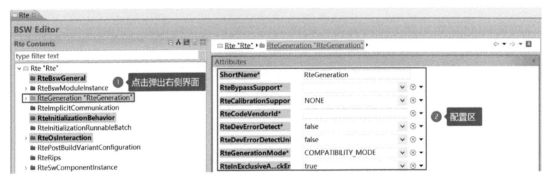

图 3-53　RTE 生成配置

表 3-26　RTE 生成参数配置

序号	配置项	配置值	说明
1	ShortName	RteGeneration	配置箱名称
2	RteBypassSupport	—	不支持 RTE 旁路支持方法
3	RteCalibrationSupport	NONE	关闭 RTE 代码校准支持
4	RteCodeVendorId	—	生成 RTE 代码的供应商 ID
5	RteDevErrorDetect	false	关闭开发错误检测和通知
6	RteDevErrorDetectUninit	false	true：RTE 在其 API 被调用时将检测是否已启动；BSW 调度器在其 API 被调用时将检查是否已经初始化

续表

序号	配置项	配置值	说明
7	RteGenerationMode	VENDOR_MODE	RTE 生成器模式
8	RteInExclusiveAreaCheckEnabled	—	配置是否使能 Blocking API 的检查
9	RteIocInteractionReturnValue	RTE_COM	定义 RTE API 的返回值基于哪种交互
10	RteMeasurementSupport	true	使能 RTE 代码生成的测量支持
11	RteOptimizationMode	RUNTIME（仅速度）	选择 RTE 生成器的优化模式
12	RteToolChainSignificantCharacters	127	RTE 标识符最大显示长度
13	RteValueRangeCheckEnabled	—	RTE 生成器不使能特定数据原型的数值范围检查
14	RteVfbTraceEnabled	false	RTE 生成器不整体使能 VFB 追踪
15	RteVfbTraceClientPrefix	—	为所有即将生成的 VFB 追踪函数定义附加前缀
16	RteVfbTraceFunction	—	RTE 生成器为一个钩子函数使能 VFB 追踪

（2）BSW 模块实例配置

本步须在 RTE 生成成功后进行。

BSW 模块实例大部分由工具自动配置，前提是其存在 Runnable。为防止后续编译出错，在 Ecuc Value Collection 中无运行函数的模块需按照图 3-54 中的方法和表 3-27、表 3-28 中的参数进行手动配置。

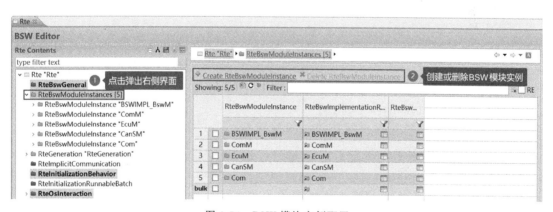

图 3-54 BSW 模块实例配置

表 3-27 PduR 参数配置

序号	配置项	配置值	说明
1	ShortName	PduR	BSW 实例名称
2	RteBswImplementationRef	PduR	已为其配置 RTE/SchM 的 BSW 实现的引用
3	RteBswModuleConfigurationRef	—	为此 BSW 实现提供的 ECU 配置值的引用

表 3-28　CanIf 参数配置

序号	配置项	配置值	说明
1	ShortName	CanIf	BSW 实例名称
2	RteBswImplementationRef	CanIf	同表 3-27
3	RteBswModuleConfigurationRef	—	同表 3-27

（3）BswM 模式组配置

本步须在 RTE 生成成功后进行。

为使 BswM 模式切换可以正确进行，须按照图 3-55 和表 3-29 配置模式组参数。

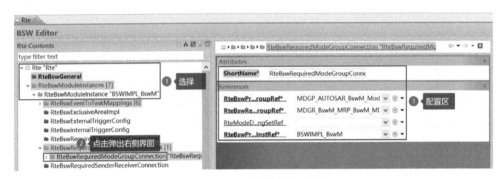

图 3-55　BswM 模式组配置

表 3-29　BswM 模式组参数配置

序号	配置项	配置值	说明
1	ShortName	CanIf	配置箱名称
2	RteBswProvidedModeGroupRef	MDGP_AUTOSAR_BswM_ModeDeclarationGroups_MDG_ECUM_STATE	用于将所供模式组原型连接到所需模式组原型的引用
3	RteBswRequiredModeGroupRef	MDGR_BswM_MRP_BswM_MDG	用于将所需模式组原型连接到所供模式组原型的引用
4	RteModeDeclarationMappingSetRef	—	在所供的模式声明组原型和所需的模式声明组原型不兼容的情况下，定义有效的调制解调器声明映射集
5	RteBswProvidedModeGrpModInstRef	BSWIMPL_BswM	用于识别 BSW 模块实例的 RTEBSW 模块实例配置容器的引用

3.7　定点数位域配置

本节创建 Bfx 模块并完成配置。

3.7.1　Bfx 创建

按照图 3-56 和图 3-57 创建 Bfx 模块。

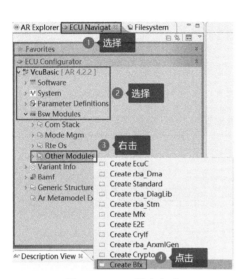

图 3-56　Bfx 创建启动

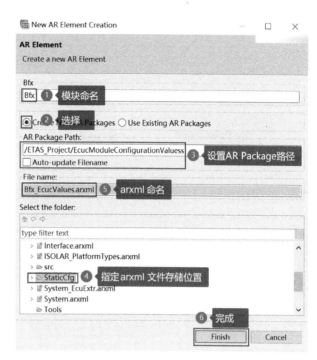

图 3-57　Bfx 创建配置

3.7.2　Bfx 配置

（1）Bfx 通用配置

配置 Bfx 通用参数，图 3-58 为其配置方法，表 3-30 列出配置项。

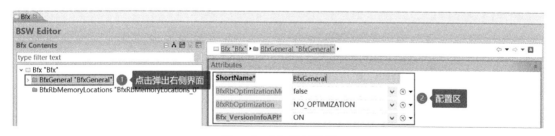

图 3-58　Bfx 通用配置

表 3-30　Bfx 通用参数配置

序号	配置项	配置值	说明
1	ShortName	BfxGeneral	配置箱名称
2	BfxRbOptimizationMcuExtract	false	控制器信息不会从 MCU 中提取，因此用户需要手动配置"Bfx 优化"
3	BfxRbOptimization	NO_OPTIMIZATION	选择要使用的控制器优化实现
4	Bfx_VersionInfoAPI	ON	库函数 BfxGetVersionInfo 返回 Bfx 库的版本信息

(2) Bfx 内存定位配置

配置 Bfx 内存定位参数，图 3-59 为其配置方法，表 3-31 列出配置项。

图 3-59　Bfx 内存定位配置

表 3-31　Bfx 内存定位参数配置

序号	配置项	配置值	说明
1	ShortName	BfxRbMemoryLocations	配置箱名称
2[①]	BfxRbMem…	INLINE	Bfx 内存定位配置参数

① 后续所有项均配置为 INLINE。

3.8　Ecuc 数据集配置

本节创建 Ecuc Value Collection 并完成配置。

3.8.1　Ecuc Value Collection 创建

按照图 3-60 和图 3-61 所示创建 Ecuc Value Collection。

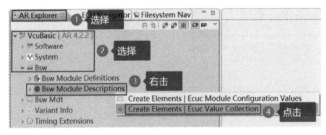

图 3-60　Ecuc Value Collection 创建启动

3.8.2　Ecuc Value Collection 配置

依次进行 Ecuc Value Collection 的配置。

（1）模块关联

按照图 3-62 和图 3-63 进行模块关联。

（2）任务分配

依照图 3-64 和表 3-32 将各模块的函数拖到对应的 OS 任务中（部分任务在后续架构和 BSW 设计过程中生成）。

3 AUTOSAR工程创建和模块集成步骤 | **051**

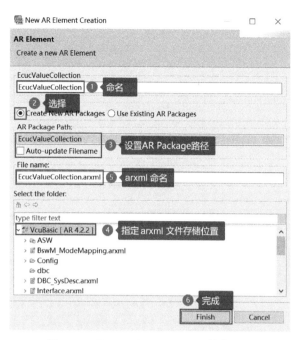

图 3-61　Ecuc Value Collection 创建配置

图 3-62　Ecuc Value Collection 模块关联启动

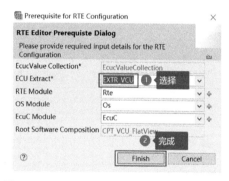

图 3-63　Ecuc Value Collection 模块关联配置

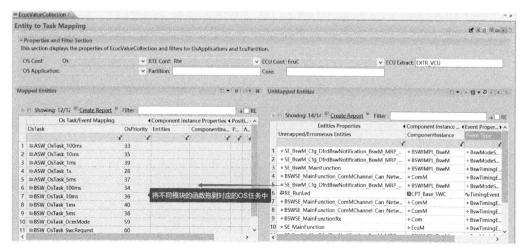

图 3-64　Ecuc Value Collection 任务分配

表 3-32　OS 任务分配表

序号	OS 任务	所含函数
1	ASW_OsTask_100ms	RE_Os_SWC_OsTask_100ms
2	ASW_OsTask_10ms	RE_Os_SWC_OsTask_10ms RE_Diag_Dem
3	ASW_OsTask_1ms	RE_Os_SWC_OsTask_1ms
4	ASW_OsTask_1s	RE_RunLed
5	ASW_OsTask_5ms	RE_Os_SWC_OsTask_5ms
6	BSW_OsTask_100ms	BSWSE_EventChannel_100msRstr
7	BSW_OsTask_10ms	SE_BswM_MainFunction SE_MainFunction BSWSE_MainFunction BSWSE_MainFunction_ComMChannel_Can_Network_1_Channel BSWSE_DcmMainFunction CanTp_MainFunction BSWSE_MainFunction_ComMChannel_Can_Network_3_Channel BSWSE_MainFunction_ComMChannel_Can_Network_4_Channel BSWSE_EventChannel_10msRstr BSWSE_MainFunctionRx BSWSE_MainFunction BSWSE_MainFunctionTx
8	BSW_OsTask_1ms	预留
9	BSW_OsTask_5ms	BSWSE_EventChannel_5msRstr
10	BSW_OsTask_DcmMode	RE_Dcm_Reset_Soft RE_JumpToBootloader RE_Dcm_Reset_Hard
11	BSW_OsTask_SwcRequest	RE_BswM_Cfg_DfrdSwcReqst_BswM_MRP_SwcModeRequest
12[①]	Runnables executed in callers context	SE_BswM_Cfg_DfrdBswNotification_BswM_MRP_BswM_MDG_ECUM_STATE_STARTUP_ONE SE_BswM_Cfg_DfrdBswNotification_BswM_MRP_BswM_MDG_ECUM_STATE_STARTUP_TWO SE_BswM_Cfg_DfrdBswNotification_BswM_MRP_BswM_MDG_ECUM_STATE_RUN SE_BswM_Cfg_DfrdBswNotification_BswM_MRP_BswM_MDG_ECUM_STATE_PREP_SHUTDOWN SE_BswM_Cfg_DfrdBswNotification_BswM_MRP_BswM_MDG_ECUM_STATE_SHUTDOWN

① 由于这 5 项非 Runnable，需要在图 3-64 的界面中手动配置其在任务中的位置（PositionInTask），分别为 1、2、3、4、5。

(3) RTE 配置核对

参照表 3-26 和图 3-65 核对 RTE 配置参数是否正确。

图 3-65 RTE Configuration 核对

3.9 AUTOSAR 平台类型配置

本节创建 AUTOSAR_PlatformTypes 并完成配置。

3.9.1 AR Package 创建

依次创建 ISOLAR_PlatformTypes 的 AR Package 和子 AR Package。

（1）AUTOSAR 平台类型 AR Package 创建

按照图 3-66 创建名为 AUTOSAR_PlatformTypes 的 AR Package。

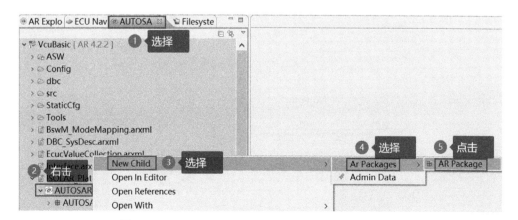

图 3-66 AUTOSAR_PlatformTypes AR Package 创建

（2）实现数据类型子 AR Package 创建

按照与图 3-66 类似的方式为 AUTOSAR_PlatformTypes 创建一个子 AR Package，名称为 ImplementationDataTypes。

3.9.2 数据类型添加

以表 3-33 中的 uint8 为例，按照图 3-67～图 3-69 的步骤添加数据类型。

表 3-33　uint8 数据类型参数配置

序号	配置项	配置值	说明
1	BaseType	uint8	—
2	DataConstr	DataConstr_uint8	—

图 3-67　数据类型添加启动

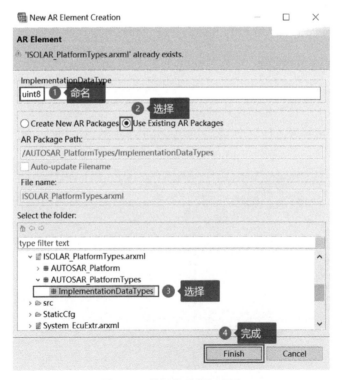

图 3-68　数据类型添加配置

3 AUTOSAR 工程创建和模块集成步骤 | **055**

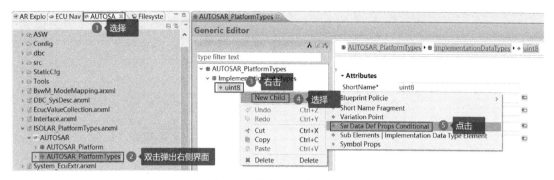

图 3-69 数据类型参数配置

按照上述步骤依次添加下列数据类型：boolean、float32、float64、sint16、sint32、sint64、sint8、uint16、uint32、uint64。

注意：float32 和 float64 无需配置 DataConstr。

3.10 缺省故障追踪器配置

本节创建 Det 模块并完成配置。

3.10.1 Det 创建

按照图 3-70 和图 3-71 所示创建 Det 模块。

图 3-70 Det 创建启动

3.10.2 Det 配置

按照图 3-72 和表 3-34 依次进行 Det 模块的配置。

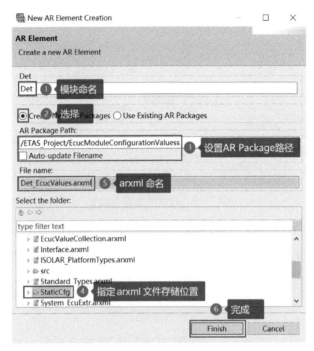

图 3-71　Det 创建配置

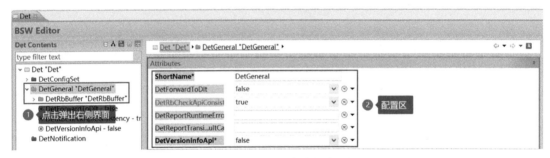

图 3-72　Det 通用配置

表 3-34　Det 通用参数配置

序号	配置项	配置值	说明
1	ShortName	DetGeneral	配置箱名称
2	DetForwardToDlt	false	Det 不需要 DLT（诊断日志和追踪）接口
3	DetRbCheckApiConsistency	true	RTE 生成了一些已经由 Det 本身提供的 APIs。这导致了这些函数的重复声明，该配置项是为了确保生成 APIs 和通用 APIs 之间的兼容性
4	DetReportRuntimeErrorCallout	—	定义相应运行时错误处理程序调用函数的名称
5	DetReportTransientFaultCallout	—	定义相应瞬态故障处理程序调用函数的名称
6	DetVersionInfoApi	false	禁用读出模块版本信息的 API
7	ShortName	DetRbBuffer	配置箱名称
8	DetRbErrorBufferSize	10	设置错误缓冲区的大小
9	DetRbUseErrorBufferApi	false	禁用错误缓冲区处理的 API

3.11 标准类型配置

本步的目的是创建 Standard_Types 并完成配置。

由于 Standard_Types.arxml 中包含了计算方法、返回值类型等内容，配置过程比较繁琐且不同项目中该文件几乎无差别，这里跳过 arxml 的创建和配置步骤，直接使用通用项目的对应文件，将其复制至"…\src\BSW"路径下，再按照图 3-73 刷新工程即可。

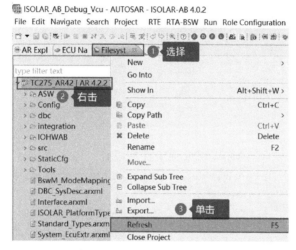

图 3-73　AUTOSAR 工程刷新

4 AUTOSAR软件架构设计

软件架构设计即AUTOSAR应用软件组件的设计。本章以重卡自动驾驶VCU的"基本功能软件组件"为例，讲述SWC的设计步骤，再在此基础上介绍车载ECU软件通常应包含哪些软件组件。

4.1 软件组件设计步骤

下面介绍重卡自动驾驶VCU"基本功能软件组件"的设计步骤，该SWC可实现调试指示灯控制、控制器休眠等功能。

4.1.1 创建软件组件

按照下面的步骤创建基本功能软件组件的SWC。

（1）文件夹创建

在"…\src\ASW"路径下创建"Base_SWC"文件夹，再在其中创建"src"和"arxml"两个子文件夹。

（2）创建基本功能软件组件

按照图4-1和图4-2的方法创建基本功能软件组件。

（3）文件移动

在"…\src\BSW"路径下找到"Base_SWC.arxml"，并将其剪切到"…\src\ASW\Base_SWC\arxml"位置。

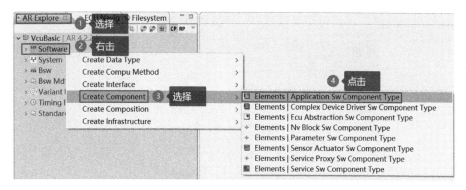

图 4-1　软件组件创建启动

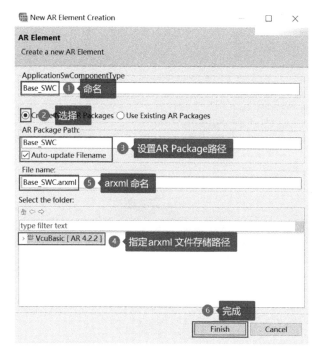

图 4-2　软件组件创建配置

（4）在虚拟文件区建立 SWC

为了将非 "…\src\BSW" 路径下的文件统一在 ISOLAR-AB 环境下操作，需要建立相应的虚拟文件区。下面介绍使 "…\src\ASW" 成为虚拟文件区的步骤，如图 4-3～图 4-5 所示。

注意事项：

① 如果在虚拟文件区建立软件组件的操作失败（Components 中没有相应 SWC），可在 SWC 中添加接口后重复前面的步骤。

② 对于已经建立好路径的 SWC 模块，不要随便更改其位置，否则可能造成工程无法读取到相应组件，或者组件内的接口丢失。

③ 若不需要在 ASW（虚拟文件）内建立 SWC 模块，则无需上述步骤，直接进行接口添加等后续工作。

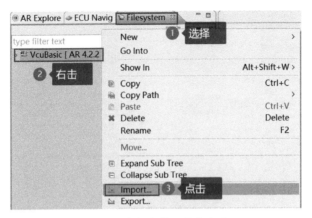

图 4-3　虚拟文件区操作启动

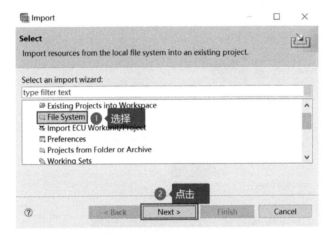

图 4-4　虚拟文件区文件系统选择

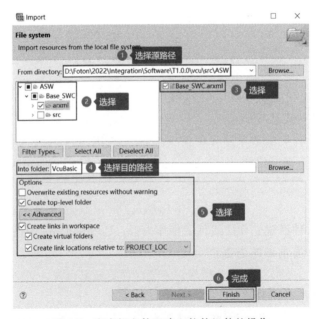

图 4-5　在虚拟文件区建立软件组件的操作

4.1.2 端口接口设计

如果需要,按照 3.1.3 节的方式创建端口接口,这里忽略此步。

4.1.3 软件组件内部行为设计

SWC 内部行为设计包含创建端口、添加运行实体、添加运行实体的 RTE 事件等。

(1) 创建软件组件内部行为

按照图 4-6 的方法创建软件组件内部行为,并将其命名为"IB_Base_SWC"。

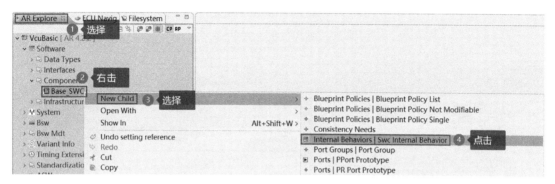

图 4-6 创建软件组件内部行为

(2) 添加软件组件端口

按照图 4-7 添加软件组件端口。

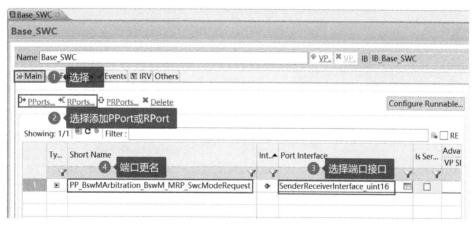

图 4-7 软件组件端口添加

(3) 添加软件组件运行实体

按照图 4-8 添加软件组件运行实体。

(4) 添加运行实体与所属软件组件的端口访问

按照图 4-9 添加运行实体与所属软件组件的端口访问。

(5) 添加运行实体的 RTE 事件

按照图 4-10 添加运行实体的 RTE 事件。

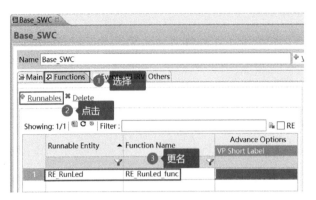

图 4-8　软件组件运行实体添加

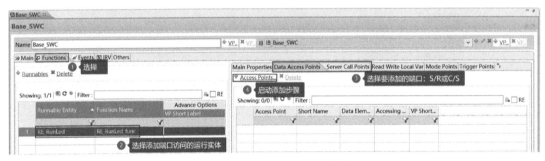

图 4-9　添加运行实体与所属软件组件的端口访问

图 4-10　添加运行实体的 RTE 事件

4.1.4　软件组件加入部件

下面介绍将"Base_SWC"组件加入"部件（Composition）"中的方法。

（1）打开配置界面

在左侧"AR Explorer"中找到"Compositions"，并双击其路径下的"TopLevelComposition"，打开配置界面，如图 4-11 所示。

（2）软件组件添加

按照图 4-12 和图 4-13 的步骤添加软件组件。

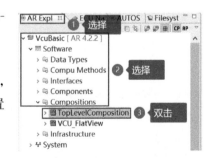

图 4-11　打开配置界面

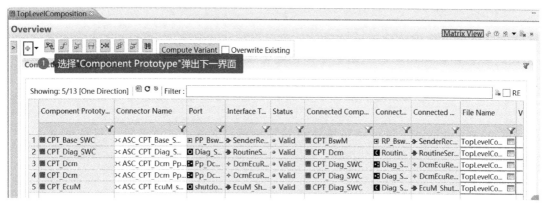

图 4-12 软件组件添加操作启动

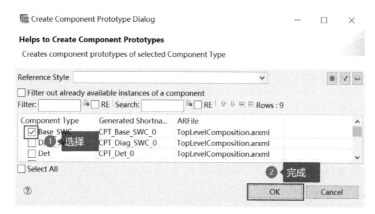

图 4-13 向部件中添加软件组件

4.1.5 软件组件加入 ECU

按照图 4-14 和图 4-15 将 SWC 加入 ECU。自动生成的 SWC（如 ComM）也需要进行这一步。

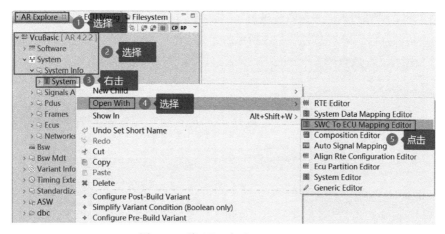

图 4-14 将 SWC 加入 ECU（一）

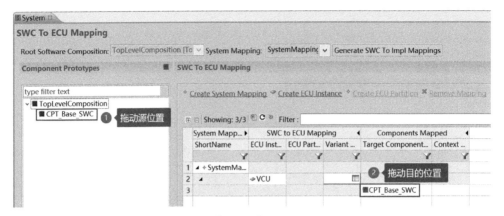

图 4-15　将 SWC 加入 ECU（二）

4.2　软件组件集成方法

本节介绍将设计好的 SWC 集成到工程中的后续步骤。

4.2.1　运行实体添加

按照图 3-64 的方法将周期性执行的运行实体添加到对应的 OS 任务中，操作请求事件的运行实体无需本步操作。

4.2.2　系统信号映射

系统信号指 CAN、LIN 等当前 ECU 外部的信号，将软件组件端口与这些外部信号"连起来"的过程称为系统信号映射。例如：重卡自动驾驶 VCU 需要将存储在端口 copt _ Mb _ XBR _ XBRCtrlMode 中的"XBR 控制模式"发送至 PCAN，则应将该端口与 PCAN 通道 DBC 中 XBR 报文的 XBRCtrlMode 信号连接起来。

按照图 4-16 的方法进入"系统数据映射"编辑器，即图 4-17 所示的界面，找到需要映射的信号，双击右边的空白区域，弹出图 4-18 所示的界面，按照图示操作即可完成一个信号的映射。

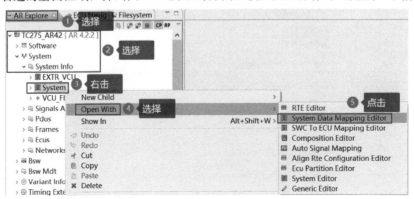

图 4-16　系统数据映射配置启动

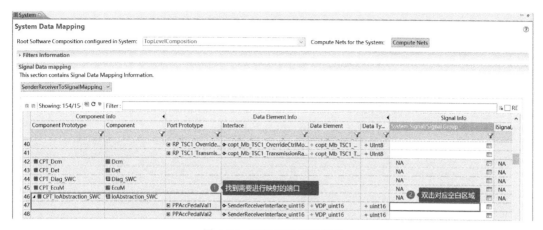

图 4-17 选择要映射的信号

图 4-18 完成单个信号的映射

重复上述操作，直到完成所有信号的映射。

4.2.3 内部信号映射

内部信号指当前控制器 SWC 之间交互的信号，即将不同软件组件的供型端口和需型端口连接起来实现数据传递或函数调用。

内部信号映射按照图 4-19～图 4-22 的步骤进行。

4.2.4 代码生成

依次进行抽取、生成 RTA-BSW、生成 BSW 代码、生成 RTE 代码和生成 SWC 代码，前两项的方法已经在 3.3 节进行了说明。

（1）BSW 代码生成

操作图 4-23 中的菜单，弹出图 4-24 所示的窗口，按照其中的步骤完成软件代码的生成。

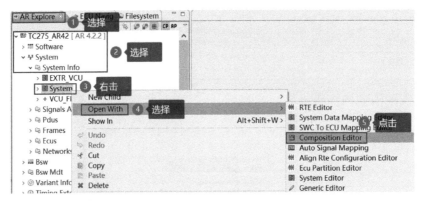

图 4-19 内部信号连接启动

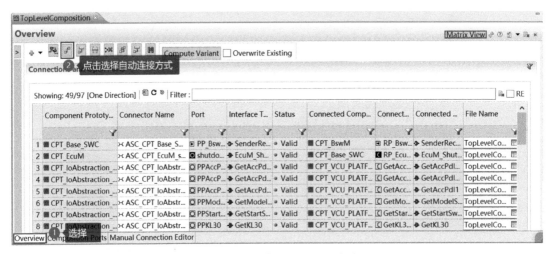

图 4-20 内部信号自动连接启动

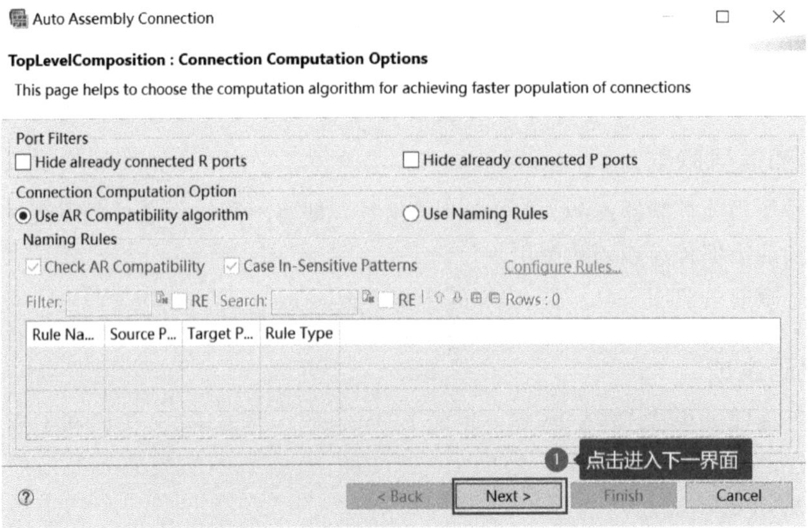

图 4-21 内部信号自动连接首个界面

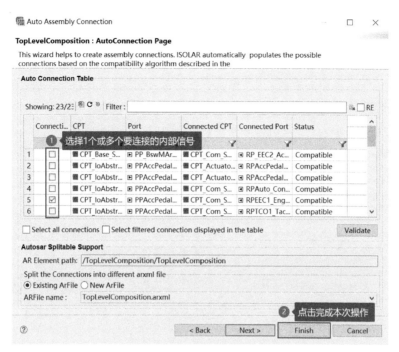

图 4-22 内部信号自动连接操作

图 4-23 BSW 代码生成菜单项

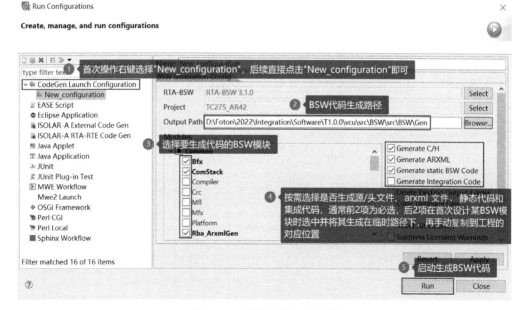

图 4-24 BSW 代码生成步骤

如果 BSW 代码生成失败，可在工具下方的"Problems Log"中查找原因，修正后再次生成 BSW 代码。

（2）RTE 代码生成

点击图 4-25 所示界面上方的"R"图标，按照图 4-26 配置 RTE 生成选项，如果出现图 4-27 所示的对话框，说明代码生成成功；否则工具会提示错误（参见"…\src\RTE\gen"路径下的"RteErr.xml"文件），可解决后再次生成 RTE 代码。

图 4-26 中，"Additional Commands"处输入（该过程不再生成 SWC 的内存映射文件）：--strict-unconnected-rport-check＝off-err＝xml-nts--os-define-osenv＝RTAOS40--exclusive-area-optimization＝disable--os-output-param＝all。

图 4-25　RTE 代码生成启动

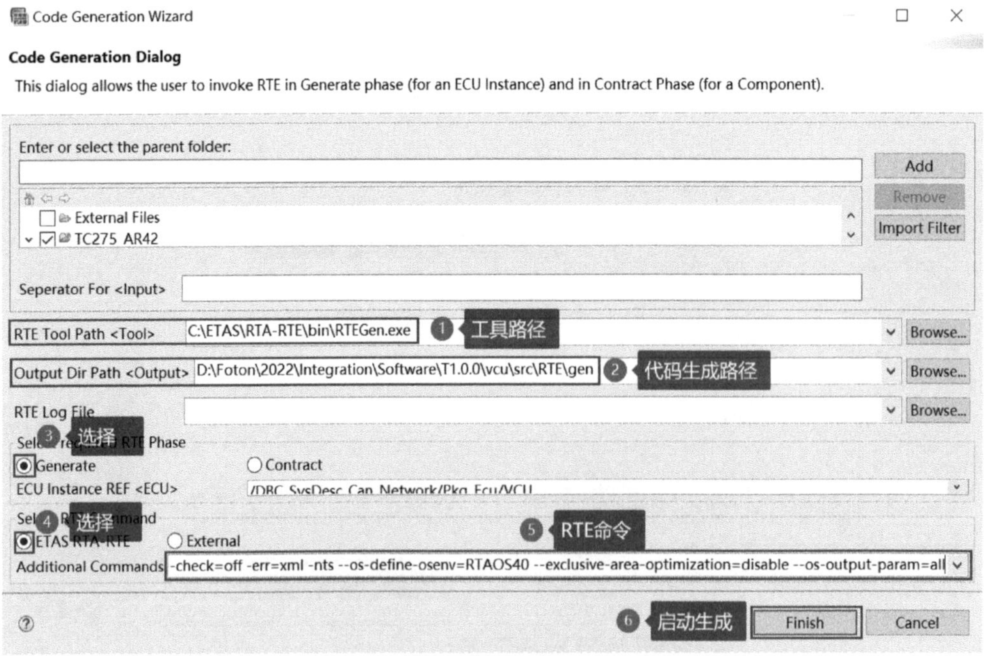

图 4-26　RTE 代码生成配置

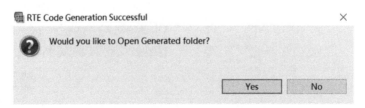

图 4-27　RTE 代码生成成功对话框

（3）SWC 代码生成

按照图 4-28～图 4-30 的步骤进行 SWC 代码生成，如果出现图 4-31 所示的界面，说明代码生成成功。

上述步骤仅生成了 SWC 的代码框架，用户须在其中继续实现具体功能。

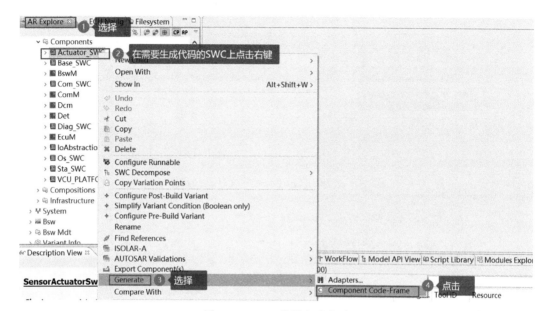

图 4-28　SWC 代码生成启动

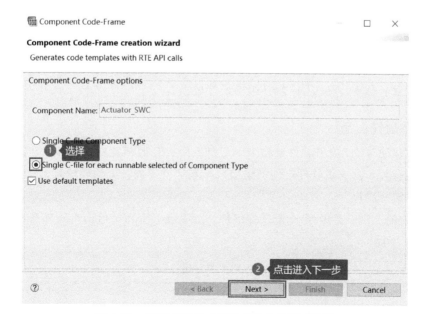

图 4-29　SWC 代码生成函数存放文件形式选择

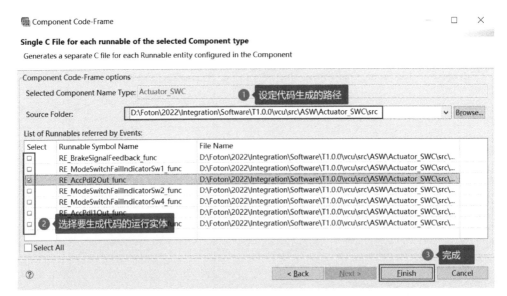

图 4-30 SWC 代码生成程序文件路径选择

图 4-31 SWC 代码生成成功对话框

4.3 软件组件设计案例

本节介绍重卡自动驾驶 VCU 软件组件设计过程。

4.3.1 软件组件汇总

重卡自动驾驶 VCU 项目软件架构采用"自下而上"的开发方式,即对于基础软件与应用软件交互的参数,由应用软件组件创建接口,基础软件进行架构设计时,直接使用应用软件创建的接口定义端口。

VCU 软件的 ASW 层共有 14 个软件组件,如表 4-1 所列,后面将对部分核心软件组件进行说明。

表 4-1 VCU 软件组件说明

序号	软件组件名	功能	备注
1	Actuator_SWC	各物理量高低边控制	用户创建
2	Base_SWC	实现软硬件版本号管理、休眠管理等基本功能	用户创建

续表

序号	软件组件名	功用	备注
3	BswM	BSW 模式	自动生成
4	Com_SWC	特殊系统信号计算	用户创建
5	ComM	COM 模式	自动生成
6	DCM	诊断通信管理	自动生成
7	Det	缺省故障追踪器	自动生成
8	Diag_SWC	VCU 诊断相关功能,本项目主要实现 BOOTLOADER	用户创建
9	NvM_SWC	实现 DFLASH 数据存储和读取	用户创建
10	EcuM	ECU 模式	自动生成
11	IoAbstraction_SWC	获取底层采集的模拟量和数字量参数	用户创建
12	Os_SWC	实现周期性任务调度	用户创建
13	Sta_SWC	获取基础软件状态	用户创建
14	VCU_PLATFORM	应用软件层程序模块,实现车辆控制策略	用户创建

4.3.2 信号采集软件组件

软件组件名称为 IoAbstraction_SWC,作用是将底层程序采集的数字量和模拟量传递给应用软件层。

(1) 软件组件端口

信号采集软件组件所包含的端口如表 4-2 所列。

表 4-2 信号采集软件组件端口表

序号	端口 类型	端口 名称	映射接口 类型	映射接口 映射接口名	含义
1	PPort	PPAccPedal1	C/S	GetAccPdl1	加速踏板信号 I 采样值,范围为 0~4095
2	PPort	PPAccPedalVcc1	C/S	GetAccPdl1Vcc	加速踏板电源电压信号 I 采样值,范围为 0~4095
3	PPort	PPAccPedal2	C/S	GetAccPdl2	加速踏板信号 II 采样值,范围为 0~4095
4	PPort	PPAccPedalVcc2	C/S	GetAccPdl2Vcc	加速踏板电源电压信号 II 采样值,范围为 0~4095
5	PPort	PPKL30	C/S	GetKL30	蓄电池电压采样值,范围为 0~4095
6	PPort	PPModeSwitch	C/S	GetModelSwitch	模式切换开关状态,0 表示开关被按下
7	PPort	PPStartSwitch	C/S	GetStartSwitch	START 信号,1 有效
8	PPort	PPKL15	C/S	GetKL15	KL15 信号,1 有效

(2) 运行实体

表 4-3 列出了信号采集软件组件所含的运行实体及其功用。

表 4-3 信号采集软件组件运行实体及其功用

序号	运行实体名	函数名	文件名	功用
1	RE_GetAccPedal1	RE_GetAccPedal1_func	RE_GetAccPedal1_func.c	获取加速踏板信号 1 的 ADC 采样值
2	RE_GetAccPedalVcc1	RE_GetAccPedalVcc1_func	RE_GetAccPedalVcc1_func.c	获取加速踏板电源电压信号 1 的 ADC 采样值
3	RE_GetAccPedal2	RE_GetAccPedal2_func	RE_GetAccPedal2_func.c	获取加速踏板信号 2 的 ADC 采样值
4	RE_GetAccPedalVcc2	RE_GetAccPedalVcc2_func	RE_GetAccPedalVcc2_func.c	获取加速踏板电源电压信号 2 的 ADC 采样值
5	RE_GetKL30	RE_GetKL30_func	RE_GetKL30_func.c	获取 KL30 的 ADC 采样值
6	RE_GetModeSwitch	RE_GetModeSwitch_func	RE_GetModeSwitch_func.c	获取模式切换开关状态,0 表示开关被按下,1 表示开关没有被按下
7	RE_GetStartSwitch	RE_GetStartSwitch_func	RE_GetStartSwitch_func.c	获取 START 开关状态,1 表示有效
8	RE_GetKL15	RE_GetKL15_func	RE_GetKL15_func.c	获取 KL15 状态,1 表示有效
9	RE_AdcStart	RE_AdcStart_func	RE_AdcStart_func.c	ADC 启动

(3) 运行实体的 RTE 事件

表 4-4 和表 4-5 分别列出了信号采集软件组件各运行实体的 RTE 事件及相应参数。

表 4-4 信号采集软件组件周期性事件运行实体和参数

序号	运行实体名	执行周期
1	RE_AdcStart	0.01s

表 4-5 信号采集软件组件操作请求事件运行实体和参数

序号	运行实体名	目标[1]	端口[2]
1	RE_GetAccPedal1	GetAccPdl1	PPAccPedal1
2	RE_GetAccPedalVcc1	GetAccPdl1Vcc	PPAccPedalVcc1
3	RE_GetAccPedal2	GetAccPdl2	PPAccPedal2
4	RE_GetAccPedalVcc2	GetAccPdl2Vcc	PPAccPedalVcc2
5	RE_GetKL30	GetKL30	PPKL30
6	RE_GetModeSwitch	GetModeSwitch	PPModeSwitch
7	RE_GetStartSwitch	GetStartSwitch	PPStartSwitch
8	RE_GetKL15	GetKL15	PPKL15

[1] 接口名称由应用软件层定义,工具自动配置。
[2] 端口名称在 SWC 中定义,工具自动配置。

(4) 运行实体实现

在运行实体函数中添加循环操作或数字量/模拟量获取的代码,可分别参照以下代码段。

循环操作运行实体实现代码示例:

```
FUNC(void,IoAbstraction_SWC_CODE)RE_AdcStart_func
(
    void
)
{
    /* PROTECTED REGION ID(User Logic:RE_AdcStart_func)ENABLED START */
    /* Start of user code-Do not remove this comment */
    IoHwAb_AdcStartConversion();
    /* End of user code-Do not remove this comment */
    /* PROTECTED REGION END */
}
```

数字量获取运行实体代码添加示例:

```
#define IOHWAB_DIO_KL15Flg  DioConf_DioChannel_DioChannel_MCU_KL15
FUNC(void,IoAbstraction_SWC_CODE)RE_GetKL15_func
(
    CONSTP2VAR(Boolean,AUTOMATIC,RTE_APPL_DATA)hld_Mbl_KL15Flg
)
{
    /* PROTECTED REGION ID(User Logic:RE_GetKL15_func)ENABLED START */
    /* Start of user code-Do not remove this comment */
    *hld_Mbl_KL15Flg = Dio_ReadChannel(IOHWAB_DIO_KL15Flg);
    /* End of user code-Do not remove this comment */
    /* PROTECTED REGION END */
}
```

模拟量获取运行实体代码添加示例:

```
#define IOHWAB_KL30(0x0205)
FUNC(void,IoAbstraction_SWC_CODE)RE_GetKL30_func
(
    CONSTP2VAR(UInt16,AUTOMATIC,RTE_APPL_DATA)hld_Mw_KL30
)
{
    /* PROTECTED REGION ID(User Logic:RE_GetKL30_func)ENABLED START */
    /* Start of user code-Do not remove this comment */
    retValue = IoHwAB_ADC_GetResult(GetGroupId(IOHWAB_KL30),
        GetChannelId(IOHWAB_KL30),hld_Mw_KL30);
    /* End of user code-Do not remove this comment */
    /* PROTECTED REGION END */
}
```

4.3.3 驱动控制软件组件

软件组件名称为 Actuator_SWC,其作用是对制动继电器等信号进行输出控制。

(1) 软件组件端口

驱动控制软件组件所包含的端口如表 4-6 所列。

表 4-6 驱动控制软件组件端口表

序号	端口		映射接口		说明
	类型	名称	类型	映射接口名	
1	PPort	PPBrakeSignalFeedback	C/S	SetBrakeSignalFeedback	制动输出信号反馈,1 表示有效
2	PPort	PPModeSwitchLedIndicator	C/S	SetModeSwitchLedIndicator	模式切换灯光指示开关,1 表示有效
3	PPort	PPModeSwitchBeepIndicator	C/S	SetModeSwitchBeepIndicator	模式切换声音指示开关,1 表示有效

(2) 运行实体

表 4-7 列出了驱动控制软件组件所含的运行实体及其功用。

表 4-7 驱动控制软件组件运行实体及其功用

序号	运行实体名	函数名	文件名	功用
1	RE_BrakeSignalFeedback	RE_BrakeSignalFeedback_func	RE_BrakeSignalFeedback_func.c	控制制动信号反馈
2	RE_ModeSwitchLedIndicator	RE_ModeSwitchLedIndicator_func	RE_ModeSwitchLedIndicator_func.c	模式切换灯光指示开关
3	RE_ModeSwitchBeepIndicator	RE_ModeSwitchBeepIndicator_func	RE_ModeSwitchBeepIndicator_func.c	模式切换声音指示开关

(3) 运行实体的 RTE 事件

表 4-8 列出了驱动控制软件组件各运行实体的 RTE 事件及相应参数。

表 4-8 驱动控制软件组件各运行实体的 RTE 事件和参数

序号	运行实体名	目标	端口
1	RE_BrakeSignalFeedback	SetBrakeSignalFeedback	PPBrakeSignalFeedback
2	RE_ModeSwitchLedIndicator	SetModeSwitchLedIndicator	PPModeSwitchLedIndicator
3	RE_ModeSwitchBeepIndicator	SetModeSwitchBeepIndicator	PPModeSwitchBeepIndicator

(4) 运行实体实现

在运行实体函数中添加 HSD、LSD 或 PWM 控制的代码,可分别参照如下代码段。

低边控制运行实体代码添加示例:

```
FUNC(void,Actuator_SWC_CODE)RE_BrakeSignalFeedback_func
(
    VAR(Boolean,AUTOMATIC)dopt_Mbl_BrakeSignalFeedback
)
{
    if(dopt_Mbl_BrakeSignalFeedback)
```

```
    {
        /* 调用低边驱动芯片的接口函数 */
        TLE7230_ControlChannelOnOff(TLE7230_Channel_4,TLE7230_LowSideOn);
    }
    else
    {
        TLE7230_ControlChannelOnOff(TLE7230_Channel_4,TLE7230_LowSideOff);
    }
    /* End of user code-Do not remove this comment */
    /* PROTECTED REGION END */
}
```

高边控制运行实体代码添加示例：

```
FUNC(void,Actuator_SWC_CODE)RE_ModeSwitchLedIndicator_func
(
    VAR(Boolean,AUTOMATIC)dopt_Mbl_SetModeSwitchLedIndicator
)
{
    if(dopt_Mbl_SetModeSwitchLedIndicator)
    {
        /* 调用高边驱动芯片的接口函数 */
        BTT6200_ControlChannelOnOff(BTT6200_Channel_3,BTT6200_HighSideOn);
    }
    else
    {
        BTT6200_ControlChannelOnOff(BTT6200_Channel_3,BTT6200_HighSideOff);
    }
    /* End of user code-Do not remove this comment */
    /* PROTECTED REGION END */
}
```

4.3.4 基本功能软件组件

软件组件名称为 Base_SWC，其作用是实现软件基本功能，包括 VCU 设备和版本号发送、指示灯控制等。

（1）软件组件端口

基本功能软件组件所包含的端口如表 4-9 所列，表 4-10 为部分端口对应的接口定义。

（2）运行实体

表 4-11 列出了基本功能软件组件所含的运行实体及其功用。

表 4-9 基本功能软件组件端口表

序号	端口		映射接口		说明
	类型	名称	类型	映射接口名	
1	RPort	RPSch_VCUSleepFlg	S/R	bopt_Mbl_VCU_SleepFlg	VCU 休眠标志,由应用软件层发送给基础软件,1 表示有效
2	PPort	PP_BswMArbitration_BswM_MRP_SwcModeRequest	S/R	SenderReceiverInterface_uint16	BswM 模式切换标志
3	RPort	RP_AppVersion	S/R	bopt_Mdw_AppVersion	VCU 应用软件层版本号
4	RPort	RP_CalVersion	S/R	bopt_Mw_CalVersion	VCU 标定数据版本号
5	PPort	PP_VCU_VINNumber	S/R	SR_IF_VCU_VINNumber	VCU PIN 码
6	PPort	PP_VCU_VersionInfo	S/R	SR_IF_VCUVersionInfo	VCU 设备和软件版本号

表 4-10 部分端口对应的接口定义

序号	接口	数据元素	
	接口名称	数据元素名称	数据类型
1	SR_IF_VCU_VINNumber	VDP_VINNumber1	uint8
		VDP_VINNumber2	uint8
		VDP_VINNumber3	uint8
		VDP_VINNumber4	uint8
		VDP_VINNumber5	uint8
		VDP_VINNumber6	uint8
		VDP_VINNumber7	uint8
		VDP_VINNumber8	uint8
		VDP_VINNumber9	uint8
		VDP_VINNumber10	uint8
		VDP_VINNumber11	uint8
		VDP_VINNumber12	uint8
		VDP_VINNumber13	uint8
		VDP_VINNumber14	uint8
		VDP_VINNumber15	uint8
		VDP_VINNumber16	uint8
		VDP_VINNumber17	uint8

续表

序号	接口	数据元素	
	接口名称	数据元素名称	数据类型
2	SR_IF_VCUVersionInfo	VDP_VCU_AppSwVersion	uint32
		VDP_VCU_SwVersion	uint16
		VDP_VCU_HwVersion	uint8
		VDP_VCU_HwPlmNum	uint8
		VDP_VCU_ProjectNum	uint8

表 4-11 基本功能软件组件运行实体及其功用

序号	运行实体名	函数名	文件名	功用
1	RE_RunLed	RE_RunLed_func	RE_RunLed_func.c	控制调试指示灯
2	RE_Base_SWC	RE_Base_SWC_func	RE_Base_SWC_func.c	实现 VCU 休眠流程
3	RE_VcuInfo	RE_VcuInfo_func	RE_VcuInfo_func.c	VCU 版本号发送

（3）添加运行实体与所属软件组件的端口访问

表 4-12 列出了基本功能软件组件运行实体的端口访问添加。

表 4-12 基本功能软件组件运行实体的端口访问添加

序号	运行实体	添加端口
1	RE_RunLed	无
2	RE_Base_SWC	RPSch_VCUSleepFlg PP_BswMArbitration_BswM_MRP_SwcModeRequest
3	RE_VcuInfo	RP_AppVersion RP_CalVersion PP_VCU_VINNumber PP_VCU_VersionInfo

（4）运行实体的 RTE 事件

表 4-13 列出了基本功能软件组件各运行实体的 RTE 事件及相应参数。

表 4-13 基本功能软件组件各运行实体的 RTE 事件和参数

序号	运行实体名	执行周期
1	RE_RunLed	1s
2	RE_Base_SWC	0.001s
3	RE_VcuInfo	0.01s

（5）运行实体实现

表 4-14 列出了基本功能软件组件各运行实体的实现方法。

表 4-14　基本功能软件组件各运行实体实现方法

序号	运行实体名	实现方法
1	RE_RunLed	指示灯控制引脚 1s 变换 1 次状态即可
2	RE_Base_SWC	实现控制器休眠流程
3	RE_VcuInfo	发送整车 VIN 码和控制器版本号，须在连接系统信号和生成 RTE 之后实现，详见下面的代码段

VIN 码和版本号发送代码添加示例：

```
FUNC(void,Base_SWC_CODE)RE_VcuInfo_func/* return value & FctID */
(
    void
)
{
    /* 从上层获取应用软件层版本号、标定版本号、项目编号 */
    retValue = Rte_Read_RP_AppVersion_bopt_Mdw_AppVersion(&RecvAppVersion);
    retValue = Rte_Read_RP_CalVersion_bopt_Mw_CalVersion(&RecvCalibrationVersion);
    retValue = Rte_Read_RP_Project_Num_bopt_Mb_Project_Num(&RecvProjectNum);

    /* 获取要发送的 VIN 码 */
    Get_VehicleData(7,17,PIM_VINCode);

    /* RTE:VIN 码赋值 */
    retValue = Rte_Write_PP_VCU_VINNumber_VDP_VINNumber1(PIM_VINCode[0]);
    retValue = Rte_Write_PP_VCU_VINNumber_VDP_VINNumber2(PIM_VINCode[1]);
    retValue = Rte_Write_PP_VCU_VINNumber_VDP_VINNumber3(PIM_VINCode[2]);
    retValue = Rte_Write_PP_VCU_VINNumber_VDP_VINNumber4(PIM_VINCode[3]);
    retValue = Rte_Write_PP_VCU_VINNumber_VDP_VINNumber5(PIM_VINCode[4]);
    retValue = Rte_Write_PP_VCU_VINNumber_VDP_VINNumber6(PIM_VINCode[5]);
    retValue = Rte_Write_PP_VCU_VINNumber_VDP_VINNumber7(PIM_VINCode[6]);
    retValue = Rte_Write_PP_VCU_VINNumber_VDP_VINNumber8(PIM_VINCode[7]);
    retValue = Rte_Write_PP_VCU_VINNumber_VDP_VINNumber9(PIM_VINCode[8]);
    retValue = Rte_Write_PP_VCU_VINNumber_VDP_VINNumber10(PIM_VINCode[9]);
    retValue = Rte_Write_PP_VCU_VINNumber_VDP_VINNumber11(PIM_VINCode[10]);
    retValue = Rte_Write_PP_VCU_VINNumber_VDP_VINNumber12(PIM_VINCode[11]);
    retValue = Rte_Write_PP_VCU_VINNumber_VDP_VINNumber13(PIM_VINCode[12]);
    retValue = Rte_Write_PP_VCU_VINNumber_VDP_VINNumber14(PIM_VINCode[13]);
    retValue = Rte_Write_PP_VCU_VINNumber_VDP_VINNumber15(PIM_VINCode[14]);
```

```
retValue = Rte_Write_PP_VCU_VINNumber_VDP_VINNumber16(PIM_VINCode[15]);
retValue = Rte_Write_PP_VCU_VINNumber_VDP_VINNumber17(PIM_VINCode[16]);

/* RTE:软硬件版本号赋值 */
retValue = Rte_Write_PP_VCU_VersionInfo_VDP_VCU_AppSwVersion(RecvAppVersion);
retValue = Rte_Write_PP_VCU_VersionInfo_VDP_VCU_SwVersion(3101);
retValue = Rte_Write_PP_VCU_VersionInfo_VDP_VCU_HwVersion(30);
retValue = Rte_Write_PP_VCU_VersionInfo_VDP_VCU_ProjectNum(RecvProjectNum);
retValue = Rte_Write_PP_VCU_VersionInfo_VDP_VCU_HwPlmNum(4);

/* End of user code-Do not remove this comment */
/* PROTECTED REGION END */
}
```

4.3.5 应用软件组件

软件组件名称为 VCU_PLATFORM，其功能包括加速踏板信号处理、模式切换逻辑实现、总线数据转发等。应用软件组件在 Matlab/Simulink 中设计，其设计方案非本书讨论范畴，在此略过。

应用软件组件的集成过程参见 7.3 节。

4.3.6 其他软件组件

下面对其他用户创建软件组件的实现方法做简要说明。

（1）通信软件组件

软件组件名称为 Com_SWC，其作用是实现输入系统信号的量纲变换，在其他项目中，也可以实现报文转发等与通信相关的功能。

车辆其他模块向重卡自动驾驶 VCU 输入的系统信号由基础软件处理，其中大部分信号的处理方式由 DBC 中对应的"Factor"和"Offset"决定，但受限于数据类型的取值范围，部分信号需进行特殊处理，这些处理的工作在"通信组件"中进行。具体的实现方式是：在 Com_SWC 中创建若干 RPort 和 PPort，前者用于接收 CAN 系统信号总线值（需进行系统信号映射），后者将手动计算后的物理值传递给应用软件层（需进行内部信号映射），相应代码段如下。

系统信号量纲变换程序示例：

```
/* 1. 数据接收 */
retRead5 = Rte_Read_RPEEC1_EngSpeed_BusValue_RX_VDP_uint16(&EEC1_EngSpeed_bus);
retRead7 = Rte_Read_RP_EEC2_AccelPedalPos1_RX_VDP_uint8(&EEC2_AccelPedalPos1_bus);
retRead6 = Rte_Read_RP_EEC2_AccelPedalPos2_RX_VDP_uint8(&EEC2_AccelPedalPos2_bus);

/* 2. 数据计算 */
EEC1_EngSpeed_phy = (float32)EEC1_EngSpeed_bus / 8.0;
```

```
EEC2_AccelPedalPos1_phy = (float32)EEC2_AccelPedalPos1_bus * 0.4;
EEC2_AccelPedalPos2_phy = (float32)EEC2_AccelPedalPos2_bus * 0.4;

/* 3. 数据发送 */
retWrite10 = Rte_Write_PPEEC1_EngSpeed_PhyValue_TX_hld_Mf_EEC1_EngSpeed
    (EEC1_EngSpeed_phy);
retWrite13 = Rte_Write_PP_EEC2_AccelPedalPos1_TX_hld_Mf_EEC2_AccelPedalPos1
    (EEC2_AccelPedalPos1_phy);
retWrite14 = Rte_Write_PP_EEC2_AccelPedalPos2_TX_hld_Mf_EEC2_AccelPedalPos2
    (EEC2_AccelPedalPos2_phy);
```

(2) 诊断软件组件

软件组件名称为 Diag_SWC，其作用是实现诊断相关功能。在重卡自动驾驶 VCU 项目中，没有 UDS 需求，该组件主要完成密钥验证、代码跳转等与 BOOTLOADER 相关的功能。

(3) 存储软件组件

软件组件名称为 NvM_SWC，其作用是实现存储相关功能。该模块通常的做法是在控制器刚上电时将 EEPROM 或 DFLASH 中的数据读出，下电前再将最新参数存入。

(4) 操作系统软件组件

软件组件名称为 Os_SWC，其作用是执行 CDD 和 BSW 部分模块的周期性任务。

该组件无需创建端口，表 4-15 和表 4-16 分别列出了其包含的运行实体及其调用的函数。

表 4-15 操作系统软件组件运行实体

序号	运行实体名	函数名	文件名	功用
1	RE_Os_SWC_OsTask_1ms	RE_Os_SWC_OsTask_1ms_func	Os_SWC.c	调用以 1ms 为周期循环执行的函数
2	RE_Os_SWC_OsTask_5ms	RE_Os_SWC_OsTask_5ms_func	Os_SWC.c	调用以 5ms 为周期循环执行的函数
3	RE_Os_SWC_OsTask_10ms	RE_Os_SWC_OsTask_10ms_func	Os_SWC.c	调用以 10ms 为周期循环执行的函数
4	RE_Os_SWC_OsTask_100ms	RE_Os_SWC_OsTask_100ms_func	Os_SWC.c	调用以 100ms 为周期循环执行的函数
5	RE_BSW_OsTask_10ms	RE_BSW_OsTask10ms_func	RE_BSW_OsTask10ms_func.c	调用以 10ms 为周期循环执行的 BSW 函数

(5) 基础软件状态软件组件

软件组件名称为 Sta_SWC，其作用是将基础软件状态（含通信故障、外围芯片运行状态、节点丢失故障、系统运行状态等）传递给应用软件层。

表 4-16 操作系统软件组件各运行实体调用函数

序号	运行实体名	调用函数
1	RE_Os_SWC_OsTask_1ms	预留
2	RE_Os_SWC_OsTask_5ms	预留
3	RE_Os_SWC_OsTask_10ms	外围芯片(电源芯片、高边驱动芯片、低边驱动芯片、通信芯片须循环执行的核心函数)
4	RE_Os_SWC_OsTask_100ms	预留
5	RE_BSW_OsTask_10ms	预留

5 AUTOSAR BSW 设计

BSW 模块设计是使用 AUTOSAR 工具链开发车载 ECU 软件的核心和难点，本章在梳理 BSW 设计一般步骤的基础上，重点介绍几个常见模块的开发方法。

5.1 BSW 设计通用步骤

本节以 J1939Tp 模块为例，介绍 AUTOSAR CP 中 BSW 模块的通用设计步骤。

5.1.1 BSW 相关模块梳理

在设计一个 BSW 模块前，首先应研读相应规范，找出本模块与其他模块的联系，从而确认需配置的所有 BSW 模块。

例如，根据如图 5-1 所示的 AUTOSAR 通信栈图，可以分析出 J1939Tp 设计需配置如表 5-1 所列的模块。

表 5-1 J1939Tp 应配置的 BSW 模块

序号	模块名称	功用
1	CAN	最底层模块，执行硬件访问并向上层提供硬件独立的 API 函数
2	Ecuc	在 ECU 配置时有一些信息需要多个 BSW 模块共享，在不好确定这些共享信息属于哪个模块的情况下，使用虚拟 Ecuc 模块来进行 ECU 配置参数定义。J1939Tp 模块需要 Ecuc 实现不同层之间的 CAN 帧传递，共需要创建 8 个 PDU
3	J1939DcmCDD	最上层模块，完成符合 J1939 协议的 CAN 报文收发
4	PduR	提供 I-PDUs（交互层数据协议单元）的路由服务
5	CanIf	中间层模块，为上面服务层提供 CAN 通信接口
6	J1939Tp	实现 SAE J1939 传输层的协议

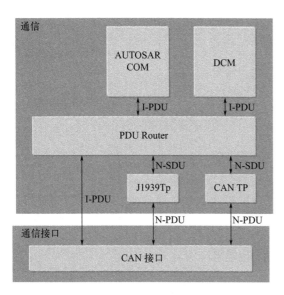
图 5-1 J1939Tp 相关模块层级关系

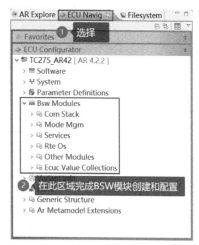
图 5-2 ISOLAR-AB 中 BSW 模块操作区

5.1.2 BSW 模块配置

BSW 模块配置在 ISOLAR-AB 左侧的"ECU Navig"页下进行，如图 5-2 所示，通常包括 arxml 创建、各模块配置两个步骤。

（1）模块创建

按照图 5-3 和图 5-4 所示的步骤创建 J1939Tp 模块。

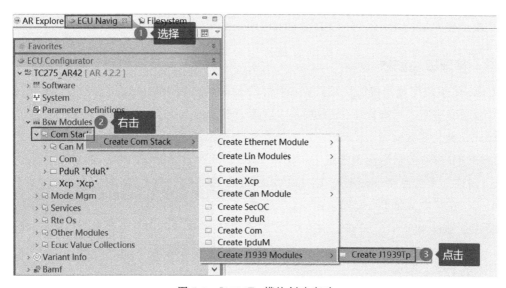
图 5-3 J1939Tp 模块创建启动

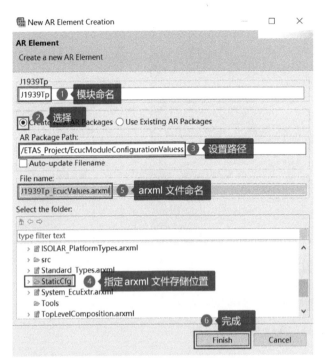

图 5-4　J1939Tp 模块创建操作

下面对 J1939Tp 模块创建过程做几点说明。

① AR Package 路径建议为"/ETAS_Project/…",否则在生成"RTA-BSW"后程序工程的许多配置项需要手动修改。

② 新建的 arxml 文件存储至"StaticCfg"文件夹下,图 5-4 中步骤 4 和 5 的次序不能更改。

(2) 模块配置

依次配置 CAN、Ecuc、J1939DcmCDD、PduR、CanIf 和 J1939Tp 模块。

5.1.3　基础模块配置

在 BSW 模块配置完成后,还需要在程序中调用其初始化和执行函数,前者在 EcuM 或 BswM 模块中进行,后者在 Ecuc 数据集中实现。下面依然以 J1939Tp 模块为例进行说明。

(1) 初始化函数配置

J1939Tp 模块的初始化函数是 J1939Tp_Init,其调用在 BswM 中分两步配置。

① 新建一个名为"BswM_AI_J1939TpInit"的行为,再为其添加一个"BswMUser-CallOut",在其中调用 J1939Tp_Init()函数。

② 将"BswM_AI_J1939TpInit"添加到"BswM_AL_BswMSwitchRun"行为列表中。

(2) 执行函数配置

按照图 5-5 的方法以 10ms 为周期循环调用 J1939Tp_MainFunction,按照 3.8.2 节的方法进行。

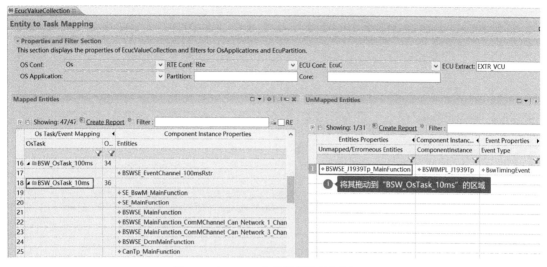

图 5-5　J1939Tp 主函数周期性调用配置

5.1.4　微控制器抽象层配置

部分 BSW 模块在开发过程中涉及 MCAL 的配置。例如，J1939Tp 增加了多个 CAN 帧，故需要配置 MCAL 的 CAN 模块，即新增 CAN 过滤掩码和收发硬件对象。

5.1.5　软件集成

下面继续以 J1939Tp 为例，总结 BSW 模块软件集成和代码编写的一般步骤。

（1）静态代码移植

依照图 5-6，在 ISOLAR-AB 环境下生成 J1939Tp 模块的静态代码并将其复制到"…\src\BSW\src\BSW\Gen\J1939Tp"路径下。

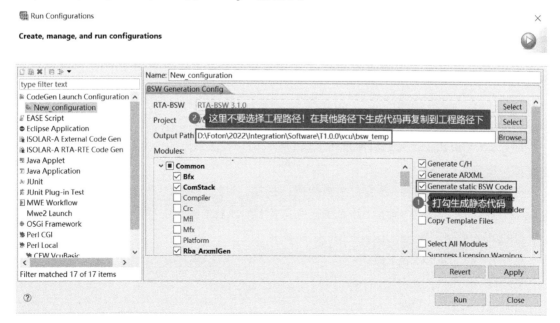

图 5-6　BSW 静态代码生成

(2) 集成文件移植

依照图 5-7，在 ISOLAR-AB 环境下生成 J1939Tp 模块的集成代码并将 J1939Tp_Cfg_SchM.h 文件复制到 "…\src\INFRA\schm\inc" 路径下。

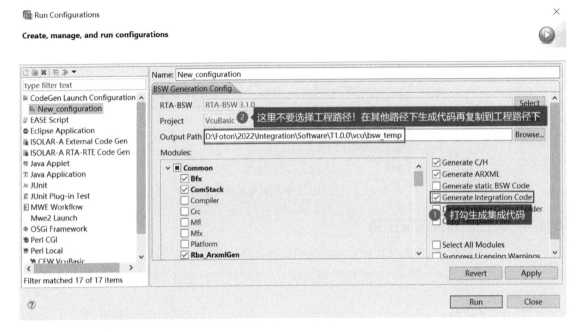

图 5-7　BSW 集成代码生成

(3) 内存映射文件移植

将 J1939Tp_MemMap.h 和 J1939Tp_Cfg_MemMap.h 内存映射头文件复制到 "…\src\INFRA\memmap" 文件夹下。这类文件在启用下列 "RTE 生成" 命令（比 4.2.4 节的 RTE 命令多了 "--samples=memmap"，用于生成内存映射头文件）时输出程序文件模板，可能需要手动优化：--strict-unconnected-rport-check=off-err=xml-nts--samples=memmap--os-define-osenv=RTAOS40--exclusive-area-optimization=disable--os-output-param=all。

(4) 生成操作系统代码

部分 BSW 模块设计完成后需重新生成 OS 代码，方法参见 3.5.4 节。

(5) 用户代码编写

部分 BSW 模块需要手动编写用户代码，例如，J1939Tp 模块需创建 J1939DcmCDD.c 和 J1939DcmCDD.h 两个程序文件并在其中完成下列函数的实现：

J1939DcmCDD_StartOfReception；

J1939DcmCDD_CopyRxData；

J1939DcmCDD_CopyTxData；

J1939DcmCDD_TpRxIndication；

J1939DcmCDD_TpTxConfirmation。

(6) Hightec 配置

须在 Hightec 集成开发环境中手动添加新增头文件的路径。具体方法是：在工程名上右击选择"Properties"，弹出图 5-8 所示的界面，再按照图示步骤操作。

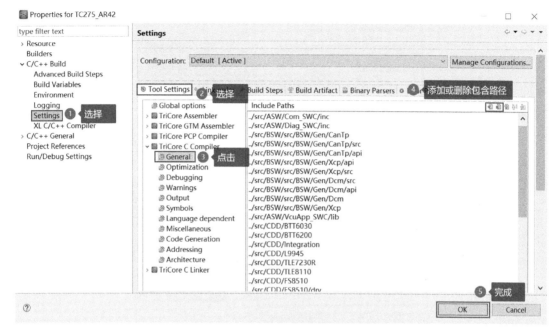

图 5-8　在 Hightec 中新增头文件路径

J1939Tp 模块须在 Hightec 中添加下列头文件路径：

…\src\CDD\J1939Dcm\inc；

…\src\BSW\src\BSW\Gen\J1939Tp\api；

…\src\BSW\src\BSW\Gen\J1939Tp\src；

…\src\BSW\src\BSW\Gen\J1939Tp。

5.2　EcuM 模块设计

本节介绍 EcuM 模块的设计过程。

5.2.1　EcuM 模块创建和整体配置

首先需要在 ISOLAR-B 中创建 EcuM 模块及其 arxml 文件，再对其进行"整体配置"，这是后续一系列配置操作的基础。

(1) EcuM 模块创建

按照图 5-9 和图 5-10 的步骤创建 EcuM 模块。

(2) EcuM 整体配置

按照图 5-11 所示进入 EcuM 整体配置界面，表 5-2 和表 5-3 为其配置情况。

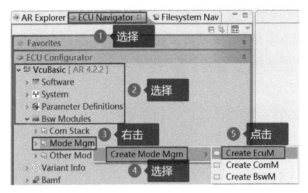

图 5-9 EcuM 模块创建启动

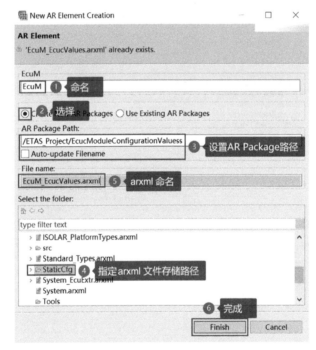

图 5-10 EcuM 模块创建操作

图 5-11 EcuM 整体配置界面

表 5-2 EcuM 整体参数配置

序号	配置项	配置值	说明
1	ShortName	EcuMGeneral	配置箱名称
2	EcuMDevErrorDetect	true	所有的开发类错误将报告给 Det 模块
3	EcuMIncludeDet	true	相关 BSW 模块将会在 EcuM 中初始化
4	EcuMMainFunctionPeriod	0.01	EcuM 主函数调用周期,单位为 s
5	EcuMRbRunMinimumDuration	—	启动 EcuM 后,在没有运行请求的前提下,EcuM 继续留在 RUN 状态的时间,单位为 s
6	EcuMRbSlaveCoreEarlierStart	false	从核在 EcuM_Init 的最后阶段才启动
7	EcuMRbStartupCore	—	Core0 为主核
8	EcuMVersionInfoApi	true	启用 EcuM_GetVersionInfo(版本信息 API)
9	EcuMRbNvMBlockDeviceId	0	名为 ECUM_CFG_NVM_BLOCK 的 NVRAM 块被定位的设备 ID

表 5-3 EcuM 用户包含文件

序号	配置项	配置值	说明
1	ShortName	EcuMRbIncludeHeaderList	配置箱名称
2	EcuMRbModuleHeader	McuFunc	被 EcuM 模块包含的头文件

5.2.2 EcuM 通用配置

该箱包含 EcuM 的通用配置参数,图 5-12 为其配置启动界面,表 5-4 为最上层配置箱的配置项。

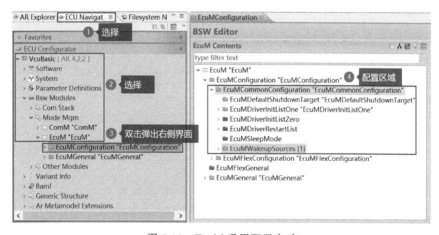

图 5-12 EcuM 通用配置启动

表 5-4 EcuM 通用参数配置

序号	配置项	配置值	说明
1	ShortName	EcuMCommonConfiguration	配置箱名称
2①	EcuMDefaultAppMode	OSDEFAULTAPPMODE	ECU 复位后加载的缺省 OS 应用模式
3	EcuMOSResource	—	OS 资源引用,用于使 ECU 进入休眠模式

① 在完成 OS 配置后才能进行。

(1) EcuM 缺省下电目标

配置参数如表 5-5 所列。

表 5-5 EcuM 缺省下电目标参数配置

序号	配置项	配置值	说明
1	ShortName	EcuMDefaultShutdownTarget	配置箱名称
2	EcuMDefaultState	EcuMStateOff	ECU 缺省下电目标：关闭
3	EcuMDefaultResetModeRef	—	ECU 缺省复位模式的引用，当缺省下电目标为"复位"时有效
4	EcuMDefaultSleepModeRef	—	ECU 缺省休眠模式的引用，当缺省下电目标为"休眠"时有效

(2) EcuM 驱动初始化列表一

按照表 5-6 初始化块 1 配置箱。该箱包含将被初始化的一系列模块的 ID，每个模块将按照配置次序依次初始化。列表中的模块均要在 OS 启动前初始化，因此它们不需要 OS 的支持。

表 5-6 EcuM 驱动初始化列表一参数配置

序号	配置项	配置值	说明
1	ShortName	EcuMDriverInitListOne	配置箱名称
2	EcuMDriverInitItem	共 17 项	描述驱动初始化列表的入口

列表一中依次对 Det、MCU、Clock、IrqSPI、Vector、Port、GPT、DIO、SPI、SBC、CAN transceiver、CAN、ADC、ICU、PWM、CDD、XCP Overlay Memory 进行配置，表 5-7 列出了各项的含义。

表 5-7 EcuM 配置模块功用

序号	模块名称	功用
1	Det	BSW Det 初始化
2	MCU	MCAL MCU 初始化
3	Clock	MCAL MCU 时钟初始化
4	IrqSPI	MCAL SPI 中断初始化
5	Vector	中断向量表初始化
6	Port	MCAL Port 初始化
7	GPT	MCAL GPT 初始化
8	DIO	MCAL DIO 初始化
9	SPI	MCAL SPI 初始化
10	SBC	电源芯片初始化
11	CAN transceiver	CAN 收发器初始化
12	CAN	MCAL CAN 初始化

续表

序号	模块名称	功用
13	ADC	MCAL ADC 初始化
14	ICU	MCAL ICU 初始化
15	PWM	MCAL PWM 初始化
16	CDD	单片机外围芯片初始化
17	XCP Overlay Memory	BSW XCP 覆盖存储器初始化

表 5-8~表 5-11 分别列出了 4 个典型模块的 ECU 配置情况。

表 5-8　Det 模块初始化参数配置

序号	配置项	配置值	说明
1	ShortName	Det	配置箱名称
2	EcuMModuleID	Det	初始化模块的短名称
3	EcuMModuleParameter	NULL_PTR	函数原型和输入参数定义
4	EcuMModuleService	Init	模块初始化方式,按照这里配置的初始化函数调用方式为 Det_Init (NULL_PTR)
5	EcuMRbDriverInitCoreId	—	指定驱动初始化被哪个核调用
6	EcuMRbMonitoringCapable	—	指定模块不生成监控服务
7	EcuMRbSequenceID	—	生成的功能桩基于模块配置的顺序
8	EcuMModuleRef	—	模块示例的外部引用,不配置 EcuMModuleID 时有效

表 5-9　向量表初始化参数配置

序号	配置项	配置值	说明
1	ShortName	VectorTable_Core0	配置箱名称
2	EcuMModuleID	VectorTable_Core0	初始化模块的短名称
3	EcuMModuleParameter	VOID	函数原型和输入参数定义
4	EcuMModuleService	Init	模块初始化方式,按照这里配置的初始化函数调用方式为 VectorTable_Core0_Init()
5	EcuMRbDriverInitCoreId	—	指定驱动初始化被哪个核调用
6	EcuMRbMonitoringCapable	—	指定模块不生成监控服务
7	EcuMRbSequenceID	—	生成的功能桩基于模块配置的顺序
8	EcuMModuleRef	—	模块示例的外部引用,不配置 EcuMModuleID 时有效

表 5-10 SPI 初始化参数配置

序号	配置项	配置值	说明
1	ShortName	SPI	配置箱名称
2	EcuMModuleID	SPI	初始化模块的短名称
3	EcuMModuleParameter	POSTBUILD_PTR	函数原型和输入参数定义
4	EcuMModuleService	Init	模块初始化方式,按照这里配置的初始化函数调用方式为 Spi_Init(&Spi_Config)
5	EcuMRbDriverInitCoreId	—	指定驱动初始化被哪个核调用
6	EcuMRbMonitoringCapable	—	指定模块不生成监控服务
7	EcuMRbSequenceID	—	生成的功能桩基于模块配置的顺序
8	EcuMModuleRef	—	模块示例的外部引用,不配置 EcuMModuleID 时有效

表 5-11 CDD 变量初始化参数配置

序号	配置项	配置值	说明
1	ShortName	IoHwAb	配置箱名称
2	EcuMModuleID	IoHwAb	初始化模块的短名称
3	EcuMModuleParameter	VOID	函数原型和输入参数定义
4	EcuMModuleService	Init	模块初始化方式,按照这里配置的初始化函数调用方式为 IoHwAb_Init()
5	EcuMRbDriverInitCoreId	—	指定驱动初始化被哪个核调用
6	EcuMRbMonitoringCapable	—	指定模块不生成监控服务
7	EcuMRbSequenceID	—	生成的功能桩基于模块配置的顺序
8	EcuMModuleRef	—	模块示例的外部引用,不配置 EcuMModuleID 时有效

(3) EcuM 驱动初始化列表0

初始化块 0 配置箱。该箱包含将被初始化的一系列模块的 ID,每个模块将按照配置次序依次初始化。列表中的模块均要在后期构建配置被加载和 OS 启动前初始化,因此它们不会用到后期构建配置。

重卡自动驾驶 VCU 项目没有用到初始化列表0。

(4) EcuM 唤醒源

共配置电源、复位、内部复位、内部看门狗、外部看门狗 5 个唤醒源,名称分别为 ECUM_WKSOURCE_POWER、ECUM_WKSOURCE_RESET、ECUM_WKSOURCE_INTERNAL_RESET、ECUM_WKSOURCE_INTERNAL_WDG 和 ECUM_WKSOURCE_EXTERNAL_WDG,"EcuMCheckWakeupTimeout"项均设置为 0,其余项无需配置。

表 5-12 为电源唤醒源的配置列表。

表 5-12　电源唤醒源参数配置

序号	配置项	配置值	说明
1	ShortName	ECUM_WKSOURCE_POWER	唤醒源名称
2	EcuMCheckWakeupTimeout	0	如果唤醒源检查采用异步方式,该参数为 EcuM 延迟 ECU 关闭时间的初始值,单位为 s
3	EcuMValidationTimeout	—	EcuM 确认唤醒源的时间,单位为 s,不配置表示无需确认
4	EcuMWakeupSourcePolling	—	配置唤醒源是否需要轮询
5	EcuMComMChannelRef	—	通信管理网络(通道)的引用,不配置表示唤醒源非通信通道
6	EcuMResetReasonRef	—	描述 MCU 驱动检测的复位原因与唤醒源之间的映射
7	EcuMComMPNCRef	—	在通信管理中定义的 1 个或多个 PNC(Partial Network Cluster,部分网络集群)的引用

5.2.3　EcuM 灵活状态机配置

该箱包含 EcuM 灵活状态机的配置参数,图 5-13 为其配置启动界面,表 5-13 为最上层配置箱的配置项。

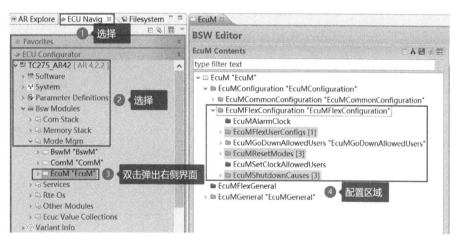

图 5-13　EcuM 灵活状态机配置启动

表 5-13　EcuM 灵活状态机参数配置

序号	配置项	配置值	说明
1	ShortName	EcuMFlexConfiguration	配置箱名称
2	EcuMNormalMcuModeRef	—	从休眠状态唤醒后恢复至 MCU 正常模式的引用

(1) EcuM 灵活状态机用户配置

该箱描述需要引用的软件组件或系统中使用 EcuMFlex 接口的运行实体的标识符,配置参数如表 5-14 所列。

表 5-14　EcuM 灵活状态机用户参数配置

序号	配置项	配置值	说明
1	ShortName	EcuMFlexUserConfig	配置箱名称
2	EcuMFlexUser	42	用于识别用户

（2）EcuM 下电允许用户配置

该箱描述允许调用 EcuM_GoDown 函数的用户集，配置参数如表 5-15 所列。

表 5-15　EcuM 下电允许用户参数配置

序号	配置项	配置值	说明
1	ShortName	EcuMGoDownAllowedUsers	配置箱名称
2	EcuMGoDownAllowedUserRef	EcuMFlexUserConfig	允许调用 EcuM_GoDown 函数用户的引用

（3）EcuM 复位模式配置

该箱用于配置复位模式，如表 5-16 所列。

表 5-16　EcuM 复位模式配置

序号	复位模式	说明
1	ECUM_RESET_MCU	通过调用 Mcu_PerformReset 使微控制器复位
2	ECUM_RESET_WDGM	通过调用 WdgM_PerformReset 使看门狗复位
3	ECUM_RESET_IO	通过反转 I/O 口的状态复位

（4）EcuM 下电原因配置

该箱配置下电或复位的原因，如表 5-17 所列。

表 5-17　EcuM 下电原因配置

序号	复位模式	说明
1	ECUM_CAUSE_ECU_STATE	ECU 状态机进入下电状态
2	ECUM_CAUSE_WDGM	看门狗管理器检测出 1 次失败的喂狗
3	ECUM_CAUSE_DCM	诊断通信管理通过服务请求下电

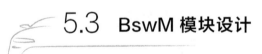

5.3　BswM 模块设计

本节参照 3.4.2 节的设计目标介绍 BswM 的设计过程。

5.3.1　BswM 模块创建和通用配置

首先需要在 ISOLAR-B 中创建 BswM 模块及其 arxml 文件，再对其进行"通用配置"，这是后续一系列配置操作的基础。

(1) BswM 模块创建

按照图 5-14 和图 5-15 所示的步骤创建 BswM 模块。

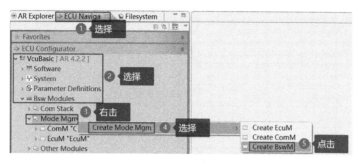

图 5-14　BswM 模块创建启动

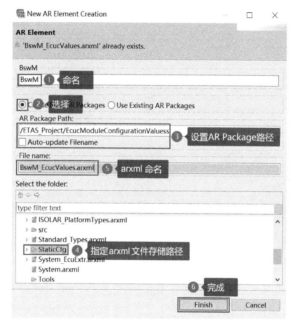

图 5-15　BswM 模块创建操作

(2) BswM 通用配置

按照图 5-16 所示进入 BswM 通用配置界面，表 5-18 和表 5-19 为其配置情况。

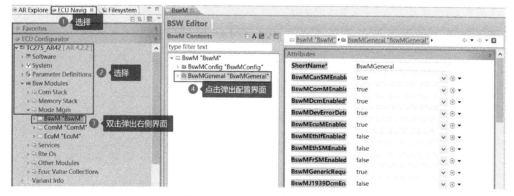

图 5-16　BswM 通用配置界面

表 5-18 BswM 通用参数配置

序号	配置项	配置值	说明
1	ShortName	BswMGeneral	配置箱名称
2	BswMCanSMEnabled	true	使能 CanSM 模块与 BswM API 关联
3	BswMComMEnabled	true	使能 ComM 模块与 BswM API 关联
4	BswMDcmEnabled	false	禁止 DCM 模块与 BswM API 关联
5	BswMDevErrorDetect	true	错误检测和通知使能
6	BswMEcuMEnabled	true	使能 EcuM 模块与 BswM API 关联
7	BswMEthIfEnabled	false	禁止 EthIf 模块与 BswM API 关联
8	BswMEthSMEnabled	false	禁止 EthSM 模块与 BswM API 关联
9	BswMFrSMEnabled	false	禁止 FrSM 模块与 BswM API 关联
10	BswMGenericRequestEnable	true	使能通用请求与 BswM API 关联
11	BswMJ1939DcmEnabled	false	禁止 J1939Dcm 模块与 BswM API 关联
12	BswMJ1939NmEnabled	false	禁止 J1939Nm 模块与 BswM API 关联
13	BswMLinSMEnabled	false	禁止 LinSM 模块与 BswM API 关联
14	BswMLinTPEnabled	false	禁止 LinTP 模块与 BswM API 关联
15	BswMMainFunctionPeriod	0.01	BswM 主函数调用周期：0.01s
16	BswMNmEnabled	false	禁止 Nm 模块与 BswM API 关联
17	BswMNvMEnabled	false	禁止 NvM 模块与 BswM API 关联
18	BswMRbMaxNumOfRules	30	指定 BswM 模块的每个变量能够被配置的最大规则数量
19	BswMSchMEnabled	true	使能 SchM 模块与 BswM API 关联
20	BswMSdEnabled	false	禁止 Sd 模块与 BswM API 关联
21	BswMVersionInfoApi	true	使能用 BswM_GetVersionInfo() 服务读取版本信息
22	BswMWdgMEnabled	false	使能 WdgM 模块与 BswM API 关联
23	BswMRbDebugEnable	false	如果模式请求被中断，不记录任何信息
24	BswMRbIntrptQueueMaxSize	5	队列中最大的 BswM 请求

表 5-19 BswM 用户包含文件

序号	配置项	配置值	说明
1	ShortName	BswMUserIncludeFiles	配置箱名称
2	BswMUserIncludeFile	Rte_main.h CanSM.h CanIf.h ComM.h COM.h PduR.h EcuM.h Integration.h McuFunc.h SBC.h CanTrcv.h	被 BswM 模块包含的头文件

5.3.2 模式配置

首先要进行 BswM 模式创建和相关配置。

（1）arxml 创建

在 ISOLAR-AB 中创建 BswM_ModeMapping.arxml 及其"AUTOSAR_BswM"的 AR Package。

（2）打开 AUTOSAR 浏览器窗口

后续操作在"AUTOSAR Explorer"窗口下进行，图 5-17 为显示该窗口的方式。

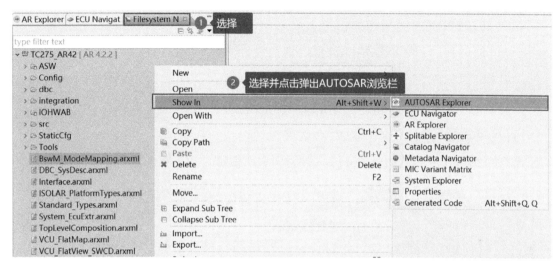

图 5-17 "AUTOSAR Explorer"窗口显示方式

（3）元素创建

在 AUTOSAR_BswM 下创建名为"ModeDeclarationGroups"的子 AR Package，再按图 5-18 为其建立元素（Elements），元素类型和名称如表 5-20 所列，图 5-19 为本步操作的执行效果。

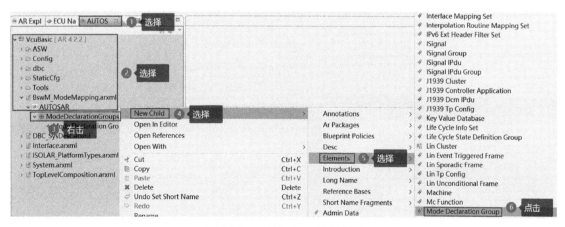

图 5-18 AR Package 元素创建

表 5-20 AR Package 元素类型和名称

序号	元素类型	元素名称
1	Mode Declaration Group	MDG_ECUM_STATE
2	DataType Mapping Set	ECUM_STATE_Mapping

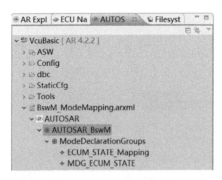

图 5-19 AR Package 元素创建执行效果

(4) 模式创建

图 5-20 为 BswM 模式的创建方法，表 5-21 为应创建的 BswM 模式。

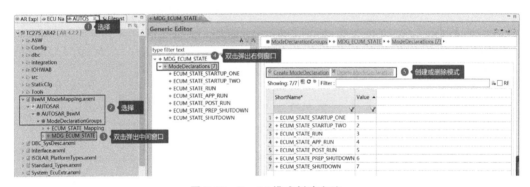

图 5-20 BswM 模式创建方法

表 5-21 BswM 模式及含义

模式值	模式名称	含义
1	ECUM_STATE_STARTUP_ONE	初始化模式1：NvM 初始化和数据读取
2	ECUM_STATE_STARTUP_TWO	初始化模式2：通信初始化、诊断初始化、标定初始化、RTE 启动
3	ECUM_STATE_RUN	初始化模式3：通信启动、应用软件层初始化、远程锁车初始化
4	ECUM_STATE_APP_RUN	运行模式：程序正常执行
5	ECUM_STATE_POST_RUN	预休眠模式：通信关闭、诊断关闭、NvM 数据写入、CAN 收发器休眠
6	ECUM_STATE_PREP_SHUTDOWN	预下电模式：RTE 关闭
7	ECUM_STATE_SHUTDOWN	下电模式：控制器下电
8	ECUM_STATE_REINIT	重新初始化：跳转至初始化模式1
9	ECUM_STATE_CANSLEEP	CAN 通信停止：通信关闭
10	ECUM_STATE_CANRECOVER	CAN 通信恢复：通信启动

（5）参数配置

需要对 BswM 起始状态等参数进行配置，图 5-21 为对应的配置界面，表 5-22 为配置参数。

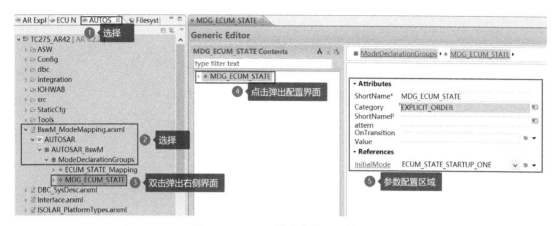

图 5-21　BswM 模式参数配置界面

表 5-22　BswM 模式参数配置

序号	配置项	配置值	说明
1	ShortName	MDG_ECUM_STATE	配置箱名称
2	Category	EXPLICIT_ORDER	类别
3	ShortNamePattern	—	短名称模式
4	OnTransitionValue	—	过渡值
5	InitialMode	ECUM_STATE_STARTUP_ONE	BswM 初始模式

（6）映射创建

按照图 5-22 的方法进行。

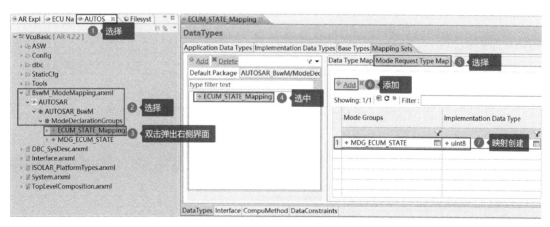

图 5-22　映射创建操作

5.3.3　行为配置

图 5-23 为 BswM 行为配置方法，表 5-23 列出了应创建的 BswM 行为。

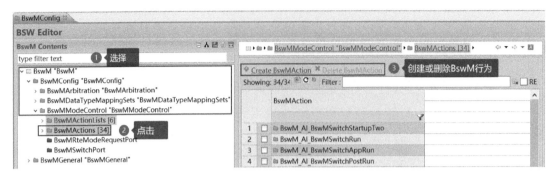

图 5-23 BswM 行为配置方法

表 5-23 BswM 行为

序号	行为配置描述	含义
1	BswM_AI_BswMSwitchStartupTwo ShortName:BswMSchMSwitch BswMSchMModeDeclarationGroupRef:None BswMSchMSwitchedMode:ECUM_STATE_STARTUP_TWO	BswM 切换至初始化模式 2
2	BswM_AI_BswMSwitchRun ShortName:BswMSchMSwitch BswMSchMModeDeclarationGroupRef:None BswMSchMSwitchedMode:ECUM_STATE_RUN	BswM 切换至初始化模式 3
3	BswM_AI_BswMSwitchAppRun ShortName:BswMSchMSwitch BswMSchMModeDeclarationGroupRef:None BswMSchMSwitchedMode:ECUM_STATE_APP_RUN	BswM 切换至运行模式
4	BswM_AI_BswMSwitchPostRun ShortName:BswMSchMSwitch BswMSchMModeDeclarationGroupRef:None BswMSchMSwitchedMode:ECUM_STATE_POST_RUN	BswM 切换至预休眠模式
5	BswM_AI_BswMSwitchPrepShutdown ShortName:BswMSchMSwitch BswMSchMModeDeclarationGroupRef:None BswMSchMSwitchedMode:ECUM_STATE_PREP_SHUTDOWN	BswM 切换至预下电模式
6	BswM_AI_BswMSwitchShutdown ShortName:BswMSchMSwitch BswMSchMModeDeclarationGroupRef:None BswMSchMSwitchedMode:ECUM_STATE_SHUTDOWN	BswM 切换至下电模式
7	BswM_AI_GoDown ShortName:BswMUserCallout BswMUserCalloutFunction:EcuM_GoDown(42)	EcuM 关闭
8	BswM_AI_ComMReqFullComm_User0 ShortName:BswMComMModeSwitch BswMComMRequestedMode:BSWM_FULL_COM BswMComMUserRef: ComMUser_Can_Network_1_Channel	CAN1 节点模式为全通信

续表

序号	行为配置描述	含义
9	BswM_AI_ComMReqNoComm_User0 ShortName：BswMComMModeSwitch BswMComMRequestedMode：BSWM_NO_COM BswMComMUserRef： ComMUser_Can_Network_1_Channel	CAN1 节点模式为无通信
10	BswM_AI_ComMCommAllowed_Can0 ShortName：BswMComMAllowCom BswMComAllowed：true BswMComMAllowChannelRef： ComMChannel_Can_Network_1_Channel	CAN1 节点通信允许
11	BswM_AI_ComMCommNotAllowed_Can0 ShortName：BswMComMAllowCom BswMComAllowed：false BswMComMAllowChannelRef： ComMChannel_Can_Network_1_Channel	CAN1 节点通信禁止
12	BswM_AI_RteTimerStart ShortName：BswM_UserCallout BswMUserCalloutFunction：IC_RteTimerStart()	RTE 启动
13	BswM_AI_RteStop ShortName：BswMUserCallout BswMUserCalloutFunction：Rte_Stop()	RTE 停止
14	BswM_AI_CanIfInit ShortName：BswMUserCallout BswMUserCalloutFunction：CanIf_Init(NULL_PTR)	CanIf 初始化
15	BswM_AI_ComMInit ShortName：BswMUserCallout BswMUserCalloutFunction：ComM_Init(NULL_PTR)	ComM 初始化
16	BswM_AI_CanSMInit ShortName：BswMUserCallout BswMUserCalloutFunction：CanSM_Init(NULL_PTR)	CanSM 初始化
17	BswM_AI_ComInit ShortName：BswMUserCallout BswMUserCalloutFunction：Com_Init(NULL_PTR)	COM 初始化
18	BswM_AI_PduRInit ShortName：BswMUserCallout BswMUserCalloutFunction：PduR_Init(&PduR_Config)	PduR 初始化
19	BswM_AI_EcuM_MainFunction ShortName：BswMUserCallout BswMUserCalloutFunction：Loop_EcuM_MainFunction()	调用 EcuM 主函数
20	BswM_AI_ComMDeInit ShortName：BswMUserCallout BswMUserCalloutFunction：ComM_DeInit()	ComM 反向初始化

续表

序号	行为配置描述	含义
21	BswM_AI_StartPdu ShortName：BswMPduGroupSwitch BswMPduGroupSwitchReinit：false BswMDisabledPduGroupRef：NONE BswMEnabledPduGroupRef：ComIPduGroup_Rx ComIPduGroup_Tx	PDU 启动
22	BswM_AI_StopPdu ShortName：BswMPduGroupSwitch BswMPduGroupSwitchReinit：false BswMDisabledPduGroupRef：ComIPduGroup_Rx ComIPduGroup_Tx BswMEnabledPduGroupRef：NONE	PDU 停止
23	BswM_AI_ComMReqFullComm_User2 ShortName：BswMComMModeSwitch BswMComMRequestedMode：BSWM_FULL_COM BswMComMUserRef： ComMUser_Can_Network_3_Channel	CAN3 节点模式为全通信
24	BswM_AI_ComMReqNoComm_User2 ShortName：BswMComMModeSwitch BswMComMRequestedMode：BSWM_NO_COM BswMComMUserRef： ComMUser_Can_Network_3_Channel	CAN3 节点模式为无通信
25	BswM_AI_ComMCommAllowed_Can2 ShortName：BswMComMAllowCom BswMComAllowed：true BswMComMAllowChannelRef： ComMChannel_Can_Network_3_Channel	CAN3 节点通信允许
26	BswM_AI_ComMCommNotAllowed_Can2 ShortName：BswMComMAllowCom BswMComAllowed：false BswMComMAllowChannelRef： ComMChannel_Can_Network_3_Channel	CAN3 节点通信禁止
27	BswM_AI_ComMReqFullComm_User3 ShortName：BswMComMModeSwitch BswMComMRequestedMode：BSWM_FULL_COM BswMComMUserRef： ComMUser_Can_Network_4_Channel	CAN4 节点模式为全通信
28	BswM_AI_ComMReqNoComm_User3 ShortName：BswMComMModeSwitch BswMComMRequestedMode：BSWM_NO_COM BswMComMUserRef： ComMUser_Can_Network_4_Channel	CAN4 节点模式为无通信
29	BswM_AI_ComMCommAllowed_Can3 ShortName：BswMComMAllowCom BswMComAllowed：true BswMComMAllowChannelRef： ComMChannel_Can_Network_4_Channel	CAN4 节点通信允许

续表

序号	行为配置描述	含义
30	BswM_AI_ComMCommNotAllowed_Can3 ShortName：BswMComMAllowCom BswMComAllowed：false BswMComMAllowChannelRef： ComMChannel_Can_Network_4_Channel	CAN4 节点通信禁止
31	BswM_AI_VCU_PLATFORM_Init ShortName：BswMUserCallout BswMUserCalloutFunction：VCU_Init()	APP 初始化
32	BswM_AI_XcpInit ShortName：BswMUserCallout BswMUserCalloutFunction：XCP_INTL_INIT()	XCP 初始化
33	BswM_AI_DcmInit ShortName：BswMUserCallout BswMUserCalloutFunction：Dcm_Init()	DCM 初始化
34	BswM_AI_CanTpInit ShortName：BswMUserCallout BswMUserCalloutFunction：CanTp_Init(NULL_PTR)	CanTp 初始化
35	BswM_AI_SbcShutDown ShortName：BswMUserCallout BswMUserCalloutFunction：EcuSbcShutdownFunc()	FS8510 休眠
36	BswM_AI_CanTransceiverSleep ShortName：BswMUserCallout BswMUserCalloutFunction：CanTransciverSleep()	TJA1145 休眠
37	BswM_AI_BswMSwitchStartupOne ShortName：BswMSchMSwitch BswMSchMModeDeclarationGroupRef：None BswMSchMSwitchedMode：ECUM_STATE_STARTUP_ONE	BswM 切换至初始化模式 1

5.3.4 行为列表配置

图 5-24 和图 5-25 为 BswM 行为列表配置方法。

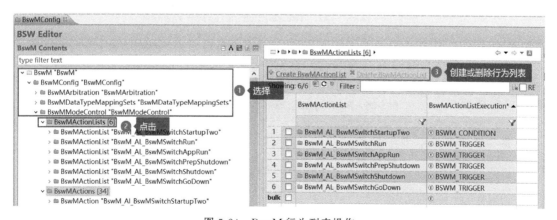

图 5-24　BswM 行为列表操作

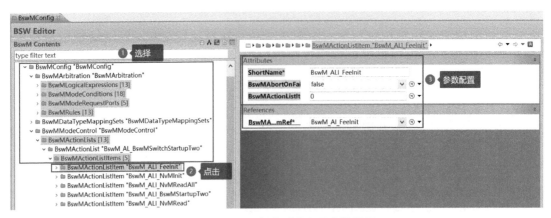

图 5-25 BswM 行为列表条目参数配置

按照表 5-24～表 5-33 所列配置 BswM 行为列表。

表 5-24 BswM 行为列表

序号	行为列表名称	行为列表名称执行[①]	功用
1	BswM_AL_BswMSwitchStartupTwo	BSWM_CONDITION	进入初始化模式 2 的行为序列
2	BswM_AL_BswMSwitchRun	BSWM_TRIGGER	进入初始化模式 3 的行为序列
3	BswM_AL_BswMSwitchAppRun	BSWM_TRIGGER	进入运行模式的行为序列
4	BswM_AL_BswMSwitchPrepShutdown	BSWM_TRIGGER	进入预下电模式的行为序列
5	BswM_AL_BswMSwitchShutdown	BSWM_TRIGGER	进入下电模式的行为序列
6	BswM_AL_BswMSwitchGoDown	BSWM_TRIGGER	控制器下电
7	BswM_AL_BswMSwitchOne	BSWM_TRIGGER	进入初始化模式 1 的行为序列
8	BswM_AL_BswMSwitchSleep	BSWM_TRIGGER	关闭 CAN 通信
9	BswM_AL_BswMSwitchCanNorm	BSWM_TRIGGER	开启 CAN 通信

① BSWM_CONDITION：规则每次被评估时行为列表都要执行；BSWM_TRIGGER：规则评估结果改变时行为列表才执行。

表 5-25 BswM _ AL _ BswMSwitchStartupTwo 列表配置

序号	行为列表条目	失败时中止	索引	行为列表条目引用
1	BswM_ALI_BswMStartupTwo	FALSE	0	BswM_AI_BswMSwitchStartupTwo

表 5-26 BswM _ AL _ BswMSwitchRun 列表配置

序号	行为列表条目	失败时中止	索引	行为列表条目引用
1	BswM_ALI_CanIfInit	FALSE	0	BswM_AI_CanIfInit
2	BswM_ALI_CanSMInit	FALSE	1	BswM_AI_CanSMInit
3	BswM_ALI_PduRInit	FALSE	2	BswM_AI_PduRInit
4	BswM_ALI_ComInit	FALSE	3	BswM_AI_ComInit
5	BswM_ALI_ComMInit	FALSE	4	BswM_AI_ComMInit

续表

序号	行为列表条目	失败时中止	索引	行为列表条目引用
6	BswM_ALI_RteTimerStart	FALSE	5	BswM_AI_RteTimerStart
7	BswM_ALI_XcpInit	FALSE	6	BswM_AI_XcpInit
8	BswM_ALI_DcmInit	FALSE	7	BswM_AI_DcmInit
9	BswM_ALI_CanTpInit	FALSE	8	BswM_AI_CanTpInit
10	BswM_ALI_BswMRun	FALSE	9	BswM_AI_BswMSwitchRun

表 5-27　BswM _ AL _ BswMSwitchAppRun 列表配置

序号	行为列表条目	失败时中止	索引	行为列表条目引用
1	BswM_ALI_StartPdu	FALSE	0	BswM_AI_StartPdu
2	BswM_ALI_AllowComm_Can0	FALSE	1	BswM_AI_ComMCommAllowed_Can0
3	BswM_ALI_ComMReqFullComm_User0	FALSE	2	BswM_AI_ComMReqFullComm_User0
4	BswM_ALI_AllowComm_Can2	FALSE	3	BswM_AI_ComMCommAllowed_Can2
5	BswM_ALI_ComMReqFullComm_User2	FALSE	4	BswM_AI_ComMReqFullComm_User2
6	BswM_ALI_AllowComm_Can3	FALSE	5	BswM_AI_ComMCommAllowed_Can3
7	BswM_ALI_ComMReqFullComm_User3	FALSE	6	BswM_AI_ComMReqFullComm_User3
8	BswM_ALI_VCUInit	FALSE	7	BswM_AI_VCU_PLATFORM_Init
9	BswM_ALI_BswMAppRun	FALSE	8	BswM_AI_BswMSwitchAppRun

表 5-28　BswM _ AL _ BswMSwitchPrepShutdown 列表配置

序号	行为列表条目	失败时中止	索引	行为列表条目引用
1	BswM_ALI_NotAllowComm_Can0	FALSE	0	BswM_AI_ComMCommNotAllowed_Can0
2	BswM_ALI_ComMReqNoComm_User0	FALSE	1	BswM_AI_ComMReqNoComm_User0
3	BswM_ALI_NotAllowComm_Can2	FALSE	2	BswM_AI_ComMCommNotAllowed_Can2
4	BswM_ALI_ComMReqNoComm_User2	FALSE	3	BswM_AI_ComMReqNoComm_User2
5	BswM_ALI_NotAllowComm_Can3	FALSE	4	BswM_AI_ComMCommNotAllowed_Can3
6	BswM_ALI_ComMReqNoComm_User3	FALSE	5	BswM_AI_ComMReqNoComm_User3
7	BswM_ALI_StopPdu	FALSE	6	BswM_AI_StopPdu
8	BswM_ALI_CanTransceiverSleep	FALSE	7	BswM_AI_CanTransceiverSleep
9	BswM_ALI_BswMPrepShutdown	FALSE	8	BswM_AI_BswMSwitchPrepShutdown

表 5-29　BswM _ AL _ BswMSwitchShutdown 列表配置

序号	行为列表条目	失败时中止	索引	行为列表条目引用
1	BswM_ALI_RteStop	FALSE	0	BswM_AI_RteStop
2	BswM_ALI_ComMDeInit	FALSE	1	BswM_AI_ComMDeInit
3	BswM_ALI_BswMShutdown	FALSE	2	BswM_AI_BswMSwitchShutdown

表 5-30 BswM _ AL _ BswMSwitchGoDown 列表配置

序号	行为列表条目	失败时中止	索引	行为列表条目引用
1	BswM_ALI_GoDown	FALSE	0	BswM_AI_GoDown
2	BswM_ALI_EcuM_MainFunction	FALSE	1	BswM_AI_EcuM_MainFunction
3	BswM_ALI_SbcShutdown	FALSE	2	BswM_AI_SbcShutDown

表 5-31 BswM _ AL _ BswMStartupOne 列表配置

序号	行为列表条目	失败时中止	索引	行为列表条目引用
1	BswM_ALI_BswMStartupOne	FALSE	0	BswM_AI_BswMSwitchStartupOne

表 5-32 BswM _ AL _ BswMSwitchSleep 列表配置

序号	行为列表条目	失败时中止	索引	行为列表条目引用
1	BswM_ALI_ComMReqNoComm_User0	FALSE	0	BswM_AI_ComMReqNoComm_User0
2	BswM_ALI_ComMReqNoComm_User2	FALSE	1	BswM_AI_ComMReqNoComm_User2
3	BswM_ALI_ComMReqNoComm_User3	FALSE	2	BswM_AI_ComMReqNoComm_User3
4	BswM_ALI_NotAllowComm_Can0	FALSE	3	BswM_AI_ComMCommNotAllowed_Can0
5	BswM_ALI_NotAllowComm_Can2	FALSE	4	BswM_AI_ComMCommNotAllowed_Can2
6	BswM_ALI_NotAllowComm_Can3	FALSE	5	BswM_AI_ComMCommNotAllowed_Can3
7	BswM_ALI_StopPdu	FALSE	6	BswM_AI_StopPdu
8	BswM_ALI_BswMAppRun	FALSE	7	BswM_AI_BswMSwitchAppRun

表 5-33 BswM _ AL _ BswMSwitchCanNorm 列表配置

序号	行为列表条目	失败时中止	索引	行为列表条目引用
1	BswM_ALI_ComMReqFullComm_User0	FALSE	0	BswM_AI_ComMReqFullComm_User0
2	BswM_ALI_ComMReqFullComm_User2	FALSE	1	BswM_AI_ComMReqFullComm_User2
3	BswM_ALI_ComMReqFullComm_User3	FALSE	2	BswM_AI_ComMReqFullComm_User3
4	BswM_ALI_AllowComm_Can0	FALSE	3	BswM_AI_ComMCommAllowed_Can0
5	BswM_ALI_AllowComm_Can2	FALSE	4	BswM_AI_ComMCommAllowed_Can2
6	BswM_ALI_AllowComm_Can3	FALSE	5	BswM_AI_ComMCommAllowed_Can3
7	BswM_ALI_StartPdu	FALSE	6	BswM_AI_StartPdu
8	BswM_ALI_BswMAppRun	FALSE	7	BswM_AI_BswMSwitchAppRun

5.3.5 请求端口配置

为"BswMModeRequestPort"配置箱的每个实例定义一个模式请求接口,用于向 BswM 请求或指示模式。这些接口用端口或 C 函数实现,具体用哪种方式取决于该请求源是 SWC 还是 BSW 模块。

共有三种不同的模式请求类型:
① 来自 SWC 的模式请求;
② 来自其他 BSW 模块的模式请求,如 DCM;

③ 来自 RTE 或其他 BSW 模块的状态/模式指示,如总线特定状态管理器。

(1) 请求端口创建

图 5-26 为 BswM 请求端口配置方法,表 5-34 列出了应创建的请求端口。

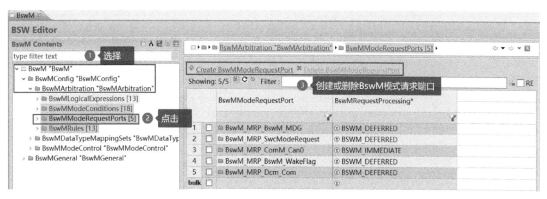

图 5-26　BswM 请求端口配置方法

表 5-34　BswM 请求端口列表

序号	BswM 模式请求端口	BswM 请求处理①	功用
1	BswM_MRP_BswM_MDG	BSWM_DEFERRED	BswM 状态
2	BswM_MRP_SwcModeRequest	BSWM_DEFERRED	控制 BswM 模式切换
3	BswM_MRP_ComM_Can	BSWM_IMMEDIATE	通信管理器引用

① BSWM_DEFERRED:当接收到模式请求时,模式仲裁处理延后到 BswM 主函数中进行;BSWM_IMMEDIATE:当接收到模式请求时,模式仲裁处理立即执行。

(2) 模式请求源配置

"BswMModeRequestSource" 配置箱指定模式请求源或状态/模式指示。模式请求源可以是 SWC 或其他 BSW 模块,如总线特定状态管理器。

表 5-35 为模式请求源配置子箱的说明,表 5-36~表 5-38 分别列出了本项目所需各端口的配置参数。

表 5-35　模式请求源配置子箱说明

序号	配置子箱名称	说明
1	BswMBswModeNotification	模式请求源来自另一个 BSW 模块
2	BswMSwcModeRequest	模式请求源来自 SWC
3	BswMComMIndication	通信管理器某通道当前通信模式的指示

表 5-36　BswM_MRP_BswM_MDG 端口参数配置

序号	配置项	配置值	说明
1	ShortName	BswMBswModeNotification	配置箱名称
2	BswMRbBswModeDeclarationGroup	/AUTOSAR_BswM/ModeDeclarationGroups/MDG_ECUM_STATE	模式声明组的引用

表 5-37　BswM_MRP_SwcModeRequest 端口参数配置

序号	配置项	配置值	说明
1	ShortName	BswMSwcModeRequest	配置箱名称
2	BswMRbModeRequestQueueSize	0	模式通信无队列
3	BswMSwcModeRequestVariableDataPrototypeRef	VDP_uint16	S/R 接口请求模式数据元素的引用：uint16

表 5-38　BswM_MRP_ComM_Can 端口参数配置

序号	配置项	配置值	说明
1	ShortName	BswMComMIndication	配置箱名称
2	BswMComMChannelRef	ComMChannel_Can_Network_4_Channel	指示对应的通信管理器通道句柄的引用

5.3.6　模式条件配置

"BswMModeCondition"配置箱描述 BswM 模式条件，这些条件既可以用于生成一个规则，也可以作为逻辑表达式的一部分。

（1）模式条件创建

图 5-27 和图 5-28 为 BswM 模式条件配置方法，表 5-39 列出应创建的模式条件。

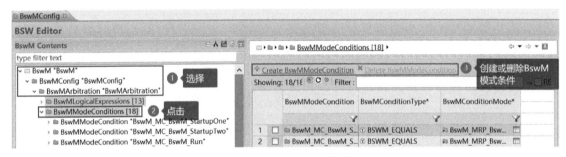

图 5-27　BswM 模式条件配置

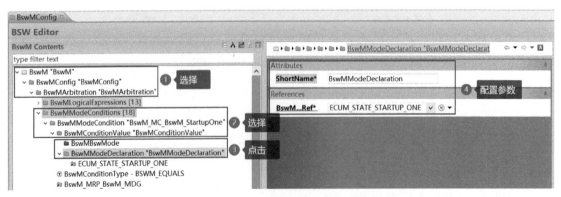

图 5-28　BswM 模式条件参数配置

表 5-39 BswM 模式条件列表

序号	名称	序号	名称
1	BswM_MC_BswM_StartupOne	6	BswM_MC_BswM_Shutdown
2	BswM_MC_BswM_StartupTwo	7	BswM_MC_ComMNoCom
3	BswM_MC_BswM_Run	8	BswM_MC_BswM_GetWake
4	BswM_MC_BswM_PostRun	9	BswM_MC_CanSleep
5	BswM_MC_BswM_PrepShutdown	10	BswM_MC_CanReturn

(2) 模式条件值参数配置

"BswMConditionValue"配置箱包含用于模式请求比较的模式类型和值的参数和引用，它由两个子箱组成，如表 5-40 所列。

表 5-40 模式条件值配置子箱

序号	名称	功用
1	BswMBswMode	定义 BSW 中的值和模式类型
2	BswMModeDeclaration	当模式对应一个模式请求或模式指示的接口，则需要配置这个子箱。模式声明定义在 SWC 的模板中，故需要使用与模式声明对应的外部引用

按照表 5-41～表 5-50 所列配置 BswM 模式条件。

表 5-41 BswM_MC_BswM_StartupOne 模式条件配置

序号	配置项	配置值	说明
1	ShortName	BswM_MC_BswM_StartupOne	模式条件名称
2①	BswMConditionType	BSWM_EQUALS	指定模式条件评估的比较类型
3②	BswMConditionMode	BswM_MRP_BswM_MDG	模式请求端口或事件请求端口的引用
4	ShortName	BswMConditionValue	配置箱名称
5	ShortName	BswMModeDeclaration	配置箱名称
6②	BswMModeValueRef	ECUM_STATE_STARTUP_ONE	与该条件相对应模式请求的模式声明的外部引用

① BSWM_EQUALS | BSWM_EQUALS_NOT：比较被 BswMConditionMode 引用的 BswM 模式请求端口与在 BswMConditionValue 中配置的值是否相等或不等；

BSWM_EVENT_IS_SET | BSWM_EVENT_IS_CLEARED：检查被 BswMConditionMode 引用的 BswM 事件请求端口是否为"置位"或"清除"。

② 判断"BswM_MRP_BswM_MDG（MDG_ECUM_STATE）== ECUM_STATE_STARTUP_ONE"条件是否成立。

表 5-42 BswM_MC_BswM_StartupTwo 模式条件配置

序号	配置项	配置值	说明
1	ShortName	BswM_MC_BswM_StartupTwo	同表 5-41
2	BswMConditionType	BSWM_EQUALS	
3	BswMConditionMode	BswM_MRP_BswM_MDG	
4	ShortName	BswMConditionValue	
5	ShortName	BswMModeDeclaration	
6	BswMModeValueRef	ECUM_STATE_STARTUP_TWO	

表 5-43 BswM_MC_BswM_Run 模式条件配置

序号	配置项	配置值	说明
1	ShortName	BswM_MC_BswM_Run	同表 5-41
2	BswMConditionType	BSWM_EQUALS	
3	BswMConditionMode	BswM_MRP_BswM_MDG	
4	ShortName	BswMConditionValue	
5	ShortName	BswMModeDeclaration	
6	BswMModeValueRef	ECUM_STATE_RUN	

表 5-44 BswM_MC_BswM_PostRun 模式条件配置

序号	配置项	配置值	说明
1	ShortName	BswM_MC_BswM_PostRun	同表 5-41
2	BswMConditionType	BSWM_EQUALS	
3[①]	BswMConditionMode	BswM_MRP_SwcModeRequest	
4	ShortName	BswMConditionValue	
5	ShortName	BswMModeDeclaration	
6[①]	BswMModeValueRef	ECUM_STATE_POST_RUN	

① SWC 中的请求==ECUM_STATE_POST_RUN，条件成立；否则条件不成立。

表 5-45 BswM_MC_BswM_PrepShutdown 模式条件配置

序号	配置项	配置值	说明
1	ShortName	BswM_MC_BswM_PrepShutdown	同表 5-41
2	BswMConditionType	BSWM_EQUALS	
3	BswMConditionMode	BswM_MRP_BswM_MDG	
4	ShortName	BswMConditionValue	
5	ShortName	BswMModeDeclaration	
6	BswMModeValueRef	ECUM_STATE_PREP_SHUTDOWN	

表 5-46 BswM_MC_BswM_Shutdown 模式条件配置

序号	配置项	配置值	说明
1	ShortName	BswM_MC_BswM_Shutdown	同表 5-41
2	BswMConditionType	BSWM_EQUALS	
3	BswMConditionMode	BswM_MRP_BswM_MDG	
4	ShortName	BswMConditionValue	
5	ShortName	BswMModeDeclaration	
6	BswMModeValueRef	ECUM_STATE_SHUTDOWN	

表 5-47　BswM _ MC _ ComMNoCom 模式条件配置

序号	配置项	配置值	说明
1	ShortName	BswM_MC_ComMNoCom	同表 5-41
2	BswMConditionType	BSWM_EQUALS	
3	BswMConditionMode	BswM_MRP_ComM_Can	
4	ShortName	BswMConditionValue	
5	ShortName	BswMBswMode	
6	BswMBswRequestedMode	COMM_NO_COMMUNICATION	包含可以被 BSW 模块请求/指示的特定模式/状态的标识符/字符串

表 5-48　BswM _ MC _ BswM _ GetWake 模式条件配置

序号	配置项	配置值	说明
1	ShortName	BswM_MC_BswM_GetWake	同表 5-41
2	BswMConditionType	BSWM_EQUALS	
3	BswMConditionMode	BswM_MRP_SwcModeRequest	
4	ShortName	BswMConditionValue	
5	ShortName	BswMModeDeclaration	
6	BswMModeValueRef	ECUM_STATE_REINIT	与该条件相对应模式请求的模式声明的外部引用

表 5-49　BswM _ MC _ CanSleep 模式条件配置

序号	配置项	配置值	说明
1	ShortName	BswM_MC_CanSleep	同表 5-41
2	BswMConditionType	BSWM_EQUALS	
3	BswMConditionMode	BswM_MRP_SwcModeRequest	
4	ShortName	BswMConditionValue	
5	ShortName	BswMModeDeclaration	
6	BswMModeValueRef	ECUM_STATE_CANSLEEP	

表 5-50　BswM _ MC _ CanReturn 模式条件配置

序号	配置项	配置值	说明
1	ShortName	BswM_MC_CanReturn	同表 5-41
2	BswMConditionType	BSWM_EQUALS	
3	BswMConditionMode	BswM_MRP_SwcModeRequest	
4	ShortName	BswMConditionValue	
5	ShortName	BswMModeDeclaration	
6	BswMModeValueRef	ECUM_STATE_CANRECOVER	

5.3.7 逻辑表达式配置

"BswMLogicalExpression"配置箱包含用于模式仲裁的逻辑表达式，其由一组参数和一个逻辑运算符组成。

每一个参数既可以是模式条件，又可以是子表达式，用以定义更加复杂的逻辑表达式。

（1）逻辑表达式创建

图 5-29 为 BswM 逻辑表达式的配置方法，表 5-51 列出了应创建的逻辑表达式。

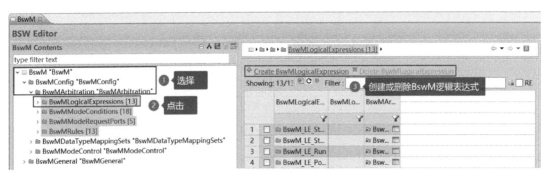

图 5-29　BswM 逻辑表达式配置方法

表 5-51　BswM 逻辑表达式列表

序号	名称	序号	名称
1	BswM_LE_StartupOne	6	BswM_LE_Shutdown
2	BswM_LE_StartupTwo	7	BswM_LE_GetWake
3	BswM_LE_Run	8	BswM_LE_CanSleep
4	BswM_LE_PostRun	9	BswM_LE_CanRet
5	BswM_LE_PrepShutdown		

（2）逻辑表达式参数配置

按照表 5-52～表 5-60 分别配置 9 个逻辑表达式的参数。

表 5-52　BswM_LE_StartupOne 逻辑表达式配置

序号	配置项	配置值	说明
1	ShortName	BswM_LE_StartupOne	逻辑表达式名称
2	BswMLogicalOperator	—	指定用于逻辑表达式的运算符，如果表达式仅包含单一条件，则此配置项不起作用
3	BswMArgumentRef	BswM_MC_BswM_StartupOne	选择模式条件或子表达式的引用

表 5-53　BswM_LE_StartupTwo 逻辑表达式配置

序号	配置项	配置值	说明
1	ShortName	BswM_LE_StartupTwo	同表 5-52
2	BswMLogicalOperator	—	
3	BswMArgumentRef	BswM_MC_BswM_StartupTwo	

表 5-54 BswM_LE_Run 逻辑表达式配置

序号	配置项	配置值	说明
1	ShortName	BswM_LE_Run	同表 5-52
2	BswMLogicalOperator	—	
3	BswMArgumentRef	BswM_MC_BswM_Run	

表 5-55 BswM_LE_PostRun 逻辑表达式配置

序号	配置项	配置值	说明
1	ShortName	BswM_LE_PostRun	同表 5-52
2	BswMLogicalOperator	—	
3	BswMArgumentRef	BswM_MC_BswM_PostRun	

表 5-56 BswM_LE_PrepShutdown 逻辑表达式配置

序号	配置项	配置值	说明
1	ShortName	BswM_LE_PrepShutdown	同表 5-52
2	BswMLogicalOperator	—	
3	BswMArgumentRef	BswM_MC_BswM_PrepShutdown	

表 5-57 BswM_LE_Shutdown 逻辑表达式配置

序号	配置项	配置值	说明
1	ShortName	BswM_LE_Shutdown	同表 5-52
2	BswMLogicalOperator	—	
3	BswMArgumentRef	BswM_MC_BswM_Shutdown	

表 5-58 BswM_LE_GetWake 逻辑表达式配置

序号	配置项	配置值	说明
1	ShortName	BswM_LE_GetWake	同表 5-52
2	BswMLogicalOperator	—	
3	BswMArgumentRef	BswM_MC_BswM_GetWake	

表 5-59 BswM_LE_CanSleep 逻辑表达式配置

序号	配置项	配置值	说明
1	ShortName	BswM_LE_CanSleep	同表 5-52
2	BswMLogicalOperator	—	
3	BswMArgumentRef	BswM_MC_CanSleep	

表 5-60 BswM_LE_CanRet 逻辑表达式配置

序号	配置项	配置值	说明
1	ShortName	BswM_LE_CanRet	
2	BswMLogicalOperator	—	同表 5-52
3	BswMArgumentRef	BswM_MC_CanReturn	

5.3.8 规则配置

"BswMRule"配置箱的每个实例描述一条 BswM 仲裁规则，该规则由一个简单的模式条件或较复杂的逻辑表达式组成。这个配置箱同时引用对应规则判定为 TRUE 或 FALSE 时需激活的行为列表。

（1）规则创建

图 5-30 为 BswM 规则的配置方法，表 5-61 列出了应创建的规则。

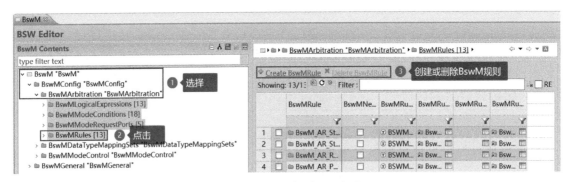

图 5-30 BswM 规则配置方法

表 5-61 BswM 规则列表

序号	名称	序号	名称
1	BswM_AR_StartupOne	6	BswM_AR_Godown
2	BswM_AR_StartupTwo	7	BswM_AR_WakeUp
3	BswM_AR_Run	8	BswM_AR_CanSleep
4	BswM_AR_PostRun	9	BswM_AR_CanReturn
5	BswM_AR_Shutdown		

（2）规则参数配置

按照表 5-62～表 5-70 分别配置 9 个规则的参数。

表 5-62 BswM_AR_StartupOne 规则配置

序号	配置项	配置值	说明
1	ShortName	BswM_AR_StartupOne	规则名称
2	BswMNestedExecutionOnly	false	独立规则，每次使用时都要进行评估

续表

序号	配置项	配置值	说明
3	BswMRuleInitState	BSWM_FALSE	这个参数是 BswM 复位/初始化行为的一部分。行为列表将在规则评估结果与前次相比发生变化时执行,该参数定义规则"前次评估结果"的初始值
4	BswMRuleExpressionRef	BswM_LE_StartupOne	用于评估规则对应逻辑表达式的引用
5	BswMRuleFalseActionList	—	逻辑表达式判定结果为 FALSE 时执行的行为列表
6	BswMRuleTrueActionList	BswM_AL_BswMSwitchStartupTwo	逻辑表达式判定结果为 TRUE 时执行的行为列表

表 5-63　BswM_AR_StartupTwo 规则配置

序号	配置项	配置值	说明
1	ShortName	BswM_AR_StartupTwo	同表 5-62
2	BswMNestedExecutionOnly	false	
3	BswMRuleInitState	BSWM_FALSE	
4	BswMRuleExpressionRef	BswM_LE_StartupTwo	
5	BswMRuleFalseActionList	—	
6	BswMRuleTrueActionList	BswM_AL_BswMSwitchRun	

表 5-64　BswM_AR_Run 规则配置

序号	配置项	配置值	说明
1	ShortName	BswM_AR_Run	同表 5-62
2	BswMNestedExecutionOnly	false	
3	BswMRuleInitState	BSWM_FALSE	
4	BswMRuleExpressionRef	BswM_LE_Run	
5	BswMRuleFalseActionList	—	
6	BswMRuleTrueActionList	BswM_AL_BswMSwitchAppRun	

表 5-65　BswM_AR_PostRun 规则配置

序号	配置项	配置值	说明
1	ShortName	BswM_AR_PostRun	同表 5-62
2	BswMNestedExecutionOnly	false	
3	BswMRuleInitState	BSWM_FALSE	
4	BswMRuleExpressionRef	BswM_LE_PostRun	
5	BswMRuleFalseActionList	—	
6	BswMRuleTrueActionList	BswM_AL_BswMSwitchPrepShutdown	

表 5-66 BswM_AR_Shutdown 规则配置

序号	配置项	配置值	说明
1	ShortName	BswM_AR_Shutdown	同表 5-62
2	BswMNestedExecutionOnly	false	
3	BswMRuleInitState	BSWM_FALSE	
4	BswMRuleExpressionRef	BswM_LE_PrepShutdown	
5	BswMRuleFalseActionList	—	
6	BswMRuleTrueActionList	BswM_AL_BswMSwitchShutdown	

表 5-67 BswM_AR_Godown 规则配置

序号	配置项	配置值	说明
1	ShortName	BswM_AR_Godown	同表 5-62
2	BswMNestedExecutionOnly	false	
3	BswMRuleInitState	BSWM_FALSE	
4	BswMRuleExpressionRef	BswM_LE_Shutdown	
5	BswMRuleFalseActionList	—	
6	BswMRuleTrueActionList	BswM_AL_BswMSwitchGoDown	

表 5-68 BswM_AR_WakeUp 规则配置

序号	配置项	配置值	说明
1	ShortName	BswM_AR_WakeUp	同表 5-62
2	BswMNestedExecutionOnly	false	
3	BswMRuleInitState	BSWM_FALSE	
4	BswMRuleExpressionRef	BswM_LE_GetWake	
5	BswMRuleFalseActionList	—	
6	BswMRuleTrueActionList	BswM_AL_BswMSwitchOne	

表 5-69 BswM_AR_CanSleep 规则配置

序号	配置项	配置值	说明
1	ShortName	BswM_AR_CanSleep	同表 5-62
2	BswMNestedExecutionOnly	false	
3	BswMRuleInitState	BSWM_FALSE	
4	BswMRuleExpressionRef	BswM_LE_CanSleep	
5	BswMRuleFalseActionList	—	
6	BswMRuleTrueActionList	BswM_AL_BswMSwitchSleep	

表 5-70 BswM _ AR _ CanReturn 规则配置

序号	配置项	配置值	说明
1	ShortName	BswM_AR_CanReturn	同表 5-62
2	BswMNestedExecutionOnly	false	
3	BswMRuleInitState	BSWM_FALSE	
4	BswMRuleExpressionRef	BswM_LE_CanRet	
5	BswMRuleFalseActionList	—	
6	BswMRuleTrueActionList	BswM_AL_BswMSwitchCanNorm	

5.3.9 数据类型映射集配置

该箱包含数据类型映射集的引用，图 5-31 为其配置方法，表 5-71 列出了配置项。

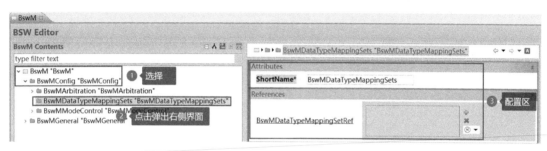

图 5-31 数据类型映射集配置方法

表 5-71 数据类型映射集参数配置

序号	配置项	配置值	说明
1	ShortName	BswMDataTypeMappingSets	配置箱名称
2	BswMDataTypeMappingSetRef	ECUM_STATE_Mapping	数据类型映射集的引用

5.4 NvM 模块设计

本节对存储模块及其设计方法进行介绍。

5.4.1 存储模块概述

重卡自动驾驶 VCU 用 TC275 的内部 DFLASH 模拟 EEPROM，该单片机共有 384KB 的 DFLASH 可以存放车辆参数，用户存储的数据大小不能超过该限值。

AUTOSAR 规范中的存储分为"参数存储"和"数据块存储"两类。前者指将有含义的数据逐条存储至 DFLASH 中，需要用到 NvM、MemIf、FEE、Fls 等模块；后者指以字节为单位将数据块存储至 DFLASH 中，仅需用到 FlsLoader 模块。本节仅针对"参数存储"

的设计过程进行说明。

图 5-32 为参数存储的架构图，表 5-72 列出了各模块的功用。

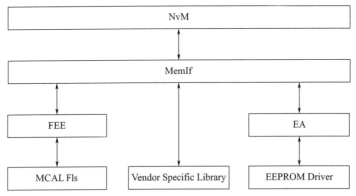

图 5-32 参数存储架构图

表 5-72 参数存储模块功用

序号	模块名称	功用
1	NvM	提供存储管理服务，通过上电读取、下电或周期性存储 NVRAM 到非易失性存储介质（如 FLASH、EEP），保证 NVRAM 数据在下电时不丢失。提供包括 NVRAM 读取、写入等服务，并支持 CRC 数据校验、冗余数据存储、数据无效时恢复初始值等机制
2	MemIf	NvM 访问不同模块的抽象层，为 FEE、EA 等模块向上层提供统一的内存初始化、读、写、状态管理接口
3	FEE	基于 FLASH 的 NV Block 管理
4	Fls	内部或外部 FLASH 驱动程序，即具体的初始化、读、写、擦的操作
5	EA	基于 EEP 的 NV Block 管理
6	EEP	内部或外部 EEP 驱动程序，即具体的初始化、读、写、擦的操作

下面依次介绍 FEE、MemIf、NvM 和用于校验的 CRC 模块的配置方法，Fls 属于 MCAL 模块，将在第 6 章介绍。

5.4.2 FEE 配置

下面介绍 FEE 模块及其配置步骤。

（1）FEE 介绍

① 模块概述。

FEE 从设备特定寻址方案和分区中抽象，向上层提供虚拟寻址方案和分区以及"虚拟的"无限次擦除循环。

在 AUTOSAR 架构中，FEE 的上层是 MemIf，下层是 FLASH 驱动（MCAL）。

② 寻址方案和分区。

FEE 模块向上层提供 32 位的虚拟线性地址空间和统一的分区方案，如图 5-33 所示。虚拟 32 位地址包括：

——16 位块号：理论上允许 65536 个逻辑块。

——16 位块地址偏移量：理论上允许每块大小为 64KB。

16 位块号表示一种可配置的虚拟分页机制。地址校对值可从底层 FLASH 驱动和设备推演出。

FEE 模块配置的原则是虚拟页大小是物理页大小的整数倍，也就是说，虚拟页不能比物理页还小。

每个配置的逻辑块的大小须为其对应虚拟页大小的整数倍。

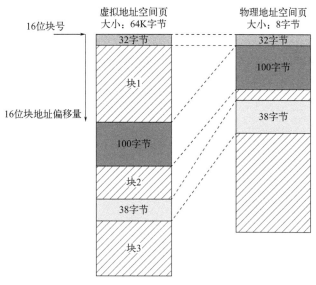

图 5-33　FEE 虚拟和物理内存布局

图中，字节数与图中面积大小无关联

③ 地址计算。

基于 FEE 模块的实现及其确切使用的地址格式，可以由其 16 位块号和 16 位块地址偏移量计算出 FLASH 物理地址，用于底层 FLASH 驱动。具体推算方法与 FLASH 芯片和 FEE 模块实现有关，没有统一的标准。

④ 擦除循环限制。

FEE 模块应定义每个逻辑块的擦除/写入循环次数。如果下层 FLASH 设备或设备驱动的物理存储单元无法满足配置需求，FEE 模块应提供相应机制防止物理设备失效。

例如：配置逻辑块 1 的擦写循环次数为 500000 次，但底层 FLASH 设备只能擦写 100000 次。在这种情况下，FEE 模块须提供至少 5 个分开的内存区域，且能在内部切换这些区域的访问以满足擦写循环次数的要求。

⑤ 立即数据处理。

包含立即数据的块须能进行可执行写操作，即 FEE 模块应确保在写这类块时无需擦除对应地址空间（使用事先擦除的内存），且写请求不被当前运行模块的内部管理操作延迟。

通常情况下，正在运行的硬件操作（写 1 页或擦除 1 个扇区）不能被打断，即使在此过程中需要写立即数据。

⑥ 管理块正确性信息。

FEE 模块应管理每个块信息，即该块从 FEE 的角度来看是否正确（未损坏）。块信息仅关注块内部处理，而非块内容。

当某块写操作开始时，FEE 标记相应块"损坏"；待写操作成功完成后，相应块应被重新标记为"未损坏"。

（2）FEE 设计

首先需要在 ISOLAR-B 中创建 FEE 模块及其 arxml 文件，再对其各箱进行配置。

① FEE 模块创建。按照图 5-34 和图 5-35 所示的步骤创建 FEE 模块。

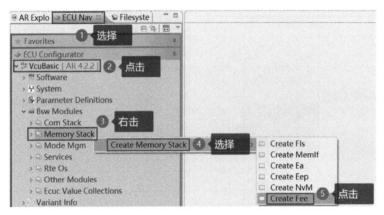

图 5-34　FEE 模块创建启动

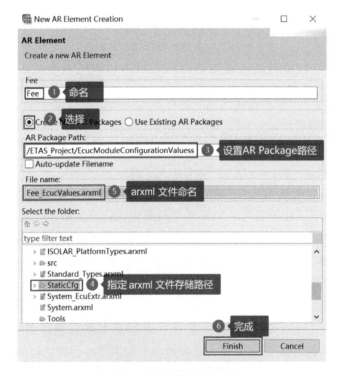

图 5-35　FEE 模块创建操作

② FEE 通用配置。按照图 5-36 的步骤进入 FEE 通用配置界面，表 5-73 为其配置情况。

图 5-36 FEE 通用配置界面

表 5-73 FEE 通用参数配置

序号	配置项	配置值	说明
1	ShortName	FeeGeneral	配置箱名称
2	FeeDevErrorDetect	false	使能或禁用 Det 检测和通知
3	FeeIndex	0	指定模块实例的 ID 号,如果仅有 1 个实例则该值为 0
4	FeeNvmJobEndNotification	—	映射到上层模块提供的作业结束通知例程 (NvM_JobEndNotification)
5	FeeNvmJobErrorNotification	—	映射到上层模块提供的作业错误通知例程 (NvM_JobErrorNotification)
6	FeePollingMode	true	预处理器开关,启用或禁用模块的轮询模式。true:轮询模式使能,回调函数禁用;false:轮询模式禁用,回调函数使能
7	FeeRbActEraseSuspension	—	配置擦除 FLASH 操作能否被挂起,仅适用于 TI 品牌的芯片
8	FeeRbActSafetyChecks	—	预处理器开关,用来启用或禁用模块关于布局和块大小的额外内部检查
9	FeeRbActSurvivalEval	—	预处理器开关,用来启用或禁用未知块的额外块特定重组
10	FeeRbActUnknownBlockReorg	—	预处理器开关,用来启用或禁用介质中任何未知块的额外重组
11	FeeRbActUnknownBlockReorg-CacheSize	—	预处理器开关,为介质中的任何未知块启用或禁用重组中的额外优化
12	FeeRbAddonsCCAS	—	预处理器开关,用来启用或禁用 CC-AS 的附加组件
13	FeeRbFsSelect	FS1	指定 FLASH 中数据的实际布局
14	FeeRbMachineType	MCU_RB_MANUAL_CFG	在没有 MCU 模块存在时,需要配置的控制器类型

续表

序号	配置项	配置值	说明
15	FeeRbMaintainRedundantBlocks	—	预处理器开关,用来启用或禁用维护冗余块的 API
16	FeeRbPageBufferSize	—	FLASH 驱动与 FEE 模块间通信缓冲区大小,若不配置则为 1024
17	FeeRbReadForce	—	预处理器开关,用来启用或禁用强制读取功能
18	FeeSetModeSupported	false	使能或禁用 FEE 模块的设定模式功能
19	FeeVersionInfoApi	false	预处理开关,用来启用或禁用读取模块版本信息的 API
20	FeeVirtualPageSize	8	逻辑块应对齐的字节大小

③ FEE 扇区表配置。按照图 5-37 和图 5-38 的方法进入 FEE 扇区表配置界面,表 5-74～表 5-76 为其配置情况。

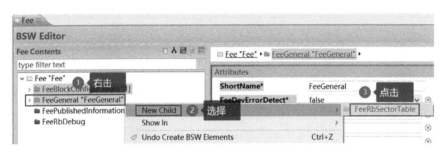

图 5-37　FEE 扇区表配置进入界面

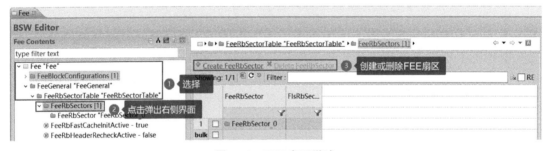

图 5-38　FEE 扇区增减

表 5-74　FEE 扇区表属性配置

序号	配置项	配置值	说明
1	ShortName	FeeRbSectorTable	配置箱名称
2	FlsRbPageSize	8	扇区 1 页的大小(字节数)
3	FeeRbFastCacheInitActive	true	使能或禁止快速缓存初始化
4	FeeRbHeaderRecheckActive	false	使能或禁止存储区表头重新检查,对于未定义擦除模式的 FLASH 类型,需要配置为 true
5	FlsRbErasedValue	0	定义数据 FLASH 的擦除值

表 5-75　FEE 扇区 0 配置

序号	配置项	配置值	说明
1	ShortName	FeeRbSector_0	配置箱名称
2[①]	FlsRbSectorSize	131072(0x20000)	扇区大小(字节数)

① 使用的 TC275 单片机 DFLASH 空间为 0x40000 字节，FEE 扇区 0 和 1 各占 0x20000 字节。

表 5-76　FEE 扇区 1 配置

序号	配置项	配置值	说明
1	ShortName	FeeRbSector_1	配置箱名称
2	FlsRbSectorSize	131072(0x20000)	扇区大小(字节数)

④ FEE 发布信息配置。按照图 5-39 的方法进入 FEE 发布信息配置界面，表 5-77 为其配置情况。

图 5-39　FEE 发布信息配置

表 5-77　FEE 发布信息配置情况

序号	配置项	配置值	说明
1	ShortName	FeePublishedInformation	配置箱名称

⑤ FEE 块配置删除。按照图 5-40 的方法删除 FEE 块配置。

图 5-40　FEE 块配置删除

5.4.3　MemIf 配置

下面介绍 MemIf 模块及其配置步骤。

（1）MemIf 介绍

在 AUTOSAR 架构中，MemIf 的上层是 NvM，下层是 EA/FEE 和内存驱动。

（2）MemIf 设计

首先需要在 ISOLAR-B 中创建 MemIf 模块及其 arxml 文件，再对其各箱进行配置。

① MemIf 模块创建。按照图 5-41 和图 5-42 所示的步骤创建 MemIf 模块。

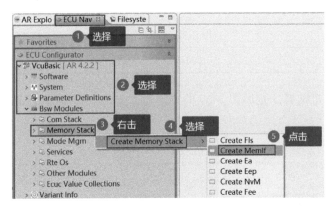

图 5-41　MemIf 模块创建启动

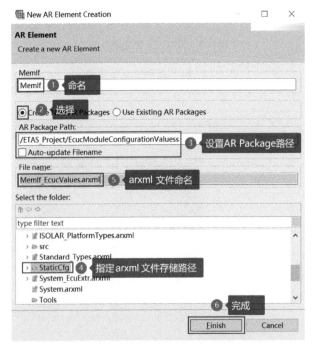

图 5-42　MemIf 模块创建操作

② MemIf 通用配置。按照图 5-43 所示的步骤进入 MemIf 通用配置界面，表 5-78 为其通用参数配置情况。

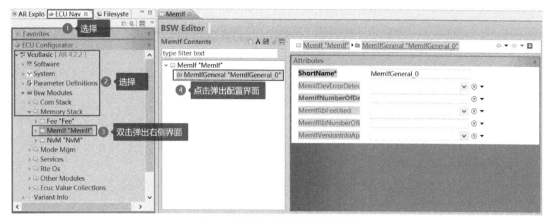

图 5-43 MemIf 通用配置界面

表 5-78 "MemIf 通用参数配置"

序号	配置项	配置值	说明
1	ShortName	MemIfGeneral	配置箱名称
2	MemIfDevErrorDetect	true	使能或禁用 Det 检测和通知
3	MemIfNumberOfDevices	—	已配置的 EA 或 FEE 模块的数量
4	MemIfRbFeeUsed	—	FEE 被配置的状态
5	MemIfRbNumberOfEADevices	—	已配置的 EA/EEP 设备的数量
6	MemIfVersionInfoApi	false	预处理开关,用来启用或禁用读取模块版本信息的 API

5.4.4 NvM 配置

下面介绍 NvM 模块及其配置步骤。

(1) NvM 介绍

① 模块概述。NvM 模块提供车载环境下确保 NV 数据存储和维护的服务,NvM 模块能够管理 EEPROM 或 FLASH EEPROM 的 NV 数据。

NvM 提供管理和维护 NV 数据所需的同步/异步服务(初始化、读、写、控制)。

② 基本概念。基本存储对象(Basic Storage Object):基本存储对象是 "NVRAM 块"的最小实体,几个基本存储对象组成了一个 NVRAM 块。一个基本存储对象可以存在于不同的内存位置(RAM/ROM/NV 内存)。

NVRAM 块(NVRAM Block):NVRAM 块是整个结构,需要管理和存储某一块(Block)NV 数据。

NV 数据(NV data):存储在非易失性内存中的数据。

块管理类型(Block Management Type):NVRAM 块的类型。它决定了 NVRAM 块(可配置的)基于不同强制/可选基本存储对象的个体组成和随后操作。

RAM 块(RAM Block):RAM 块是基本存储对象的一种,指存在于 RAM 中的 NVRAM 块。

ROM 块(ROM Block):ROM 块是基本存储对象的一种,指存在于 ROM 中的

NVRAM 块。ROM 块是 NVRAM 块的可选组成部分。

NV 块（NV Block）：NV 块是基本存储对象的一种，指存在于 NV 内存中的 NVRAM 块。NV 块是 NVRAM 块的必选组成部分。

NV 块头（NV Block Header）：如果静态块 ID（Static Block ID）机制使能，NV 块将包含附加信息。

管理块（Administrative Block）：管理块是基本存储对象的一种，它存在于 RAM 中，管理块是 NVRAM 块的必选组成部分。

③ 寻址方案。

NvM 模块为虚拟线性 32 位地址空间，由 16 位块号和 16 位块地址偏移量组成，最多允许 65535 个逻辑块，每个逻辑块容量为 64KB。

NvM 将 16 位 FEE/EA 块号进一步细分成两部分：

——NV 块基数（NV block base number, NVM_NV_BLOCK_BASE_NUMBER），位宽度（16-NVM_DATASET_SELECTION_BITS）；

——数据索引（Data index），位宽度（NVM_DATASET_SELECTION_BITS）。

④ 基本存储对象。

基本存储对象可分为 NV 块、RAM 块和 ROM 块。

NV 块：每个 NV 块由 NV 用户数据、CRC 值（可选）和 NV 块头（可选）组成。

RAM 块：RAM 块是存在于 RAM 区的一种基本存储对象，由用户数据、CRC 值（可选，仅在对应 NV 块有 CRC 值时才有，且须与相应 NV 块采用同一类型）和 NV 块头组成。

ROM 块：ROM 块是存在于 ROM（FLASH）区的一种基本存储对象，用来给无数据或损坏的 NV 块提供缺省数据。

管理块：管理块存在于 RAM 中，包含数据集 NV 块的块索引和属性、错误、状态信息。

NV 块头：如果使能了静态块 ID 机制，NV 块头位于 NV 块的起始位置。

⑤ 块管理类型。

NvM 模块实现应支持下列 NVRAM 存储类型：

——NVM_BLOCK_NATIVE；

——NVM_BLOCK_REDUNDANT；

——NVM_BLOCK_DATASET。

表 5-79 列出了每种存储类型包含的基本存储对象。

表 5-79 NVRAM 存储类型

序号	NVRAM 存储类型	NV 块	RAM 块	ROM 块	管理块
1	NVM_BLOCK_NATIVE	1	1	0…1	1
2	NVM_BLOCK_REDUNDANT	2	1	0…1	1
3	NVM_BLOCK_DATASET	1…m①	1	0…n	1

① $m<256$，数据集的数量由配置参数 NvMDatasetSelectionBits 决定。

NVRAM 块的构成和地址偏移量（起始地址为 0）由相应的块描述符（Block Descriptor）配置，通过块 ID 指定要处理的 NVRAM 块。

本地 NVRAM 块：本地 NVRAM 块是最简单的块管理类型，用最小的开销实现了 NV 内存的存入和检索。

冗余 NVRAM 块：除本地 NVRAM 块以外，冗余 NVRAM 块提供了更强的容错能力、可靠性和有效性，防止了数据损坏。

当冗余 NVRAM 块失效后，将尝试用没有损坏的 NV 块恢复已经损坏的 NV 块。恢复代表冗余重建，通常意味着向 NV 块回写恢复的数据。

数据集 NVRAM 块：数据集 NVRAM 块是一组大小相同的数据块，应用程序在同一时刻只能访问其中的 1 个元素。

数据集 NVRAM 块由多个 NV 用户数据、CRC 区（可选）、NV 块头（可选）、一个 RAM 块和一个管理块组成。

数据集索引位置在相应管理块的单独区域指定，可以覆盖所有的 NV/ROM 块。

配置数据集的（NV＋ROM 块）总数量必须在 1～255 范围内。对于有 ROM 的 NVRAM 块而言，NV 块的索引范围是"0～NvMNvBlockNum－1"，ROM 块的索引范围是"NvMNvBlockNum～NvMNvBlockNum＋NvMRomBlockNum－1"。

⑥ 扫描次序和优先级方案。

NvM 模块支持基于优先级的作业处理，通过配置 NvMJobPrioritization 参数实现。

在采用基于优先级的处理次序时，NvM 模块使用两个队列：一个是立即写作业，另一个是其他作业（包括立即读/擦作业）。

如果基于优先级的处理被禁用，NvM 模块不支持立即写作业，按照 FCFS（First Come First Served，先到者先接受服务）的次序处理所有作业。

⑦ 回调通知。

NvM 模块提供回调函数，用于指示基础存储器抽象（EEPROM 抽象、FLASH EEPROM 仿真）操作完成状态（有错误或无错误）。

⑧ 设计要点。

——NvM_Init 应被 ECU 状态管理器激活。

——RAM 数据库初始化由 NvM_ReadAll 完成。

——基本下电程序由调用 NvM_WriteAll 完成。

——NvM 模块的错误恢复策略是加载缺省值。

——NvM 模块的所有异步请求将在对应的管理块中指示操作错误或状态。

——NvM 模块提供了不同种类（可配置）的写保护功能，针对 NVRAM 块的 NV 部分，RAM 块数据可以被改写但不能随意写入 NV 内存。

(2) NvM 设计

首先需要在 ISOLAR-B 中创建 NvM 模块及其 arxml 文件，再对其各箱进行配置。

① NvM 模块创建。按照图 5-44 和图 5-45 所示的步骤创建 NvM 模块。

② NvM 通用配置。按照图 5-46 所示的步骤进入 NvM 通用配置界面，表 5-80 为其配置情况。

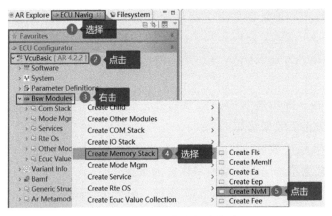

图 5-44　NvM 模块创建启动

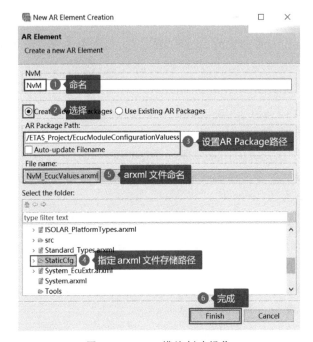

图 5-45　NvM 模块创建操作

图 5-46　NvM 通用配置界面

表 5-80 NvM 通用参数配置

序号	配置项	配置值	说明
1	ShortName	NvMCommon	配置箱名称
2	NvMApiConfigClass	NVM_API_CONFIG_CLASS_3	选择最全的 API 库
3	NvMBswMMultiBlockJobStatusInformation	true	NvM 告知 BswM 多块作业的当前状态 true：ReadAll/WriteAll 启用、完成、取消时调用函数 BswM_NvM_CurrentJobMode false：不通知 BswM 模块
4	NvMCompiledConfigId	0	NvM 布局的配置 ID
5	NvMCrcNumOfBytes	1	数据块超过 1 个字节就要进行 CRC 校验
6	NvMDevErrorDetect	true	启用 Det 监测和通知功能
7	NvMDrvModeSwitch	false	ReadAll/WriteAll 内存驱动快速模式禁止
8	NvMDynamicConfiguration	false	运行 ReadAll 函数时忽略配置 ID 的匹配性检查
9	NvMJobPrioritization	true	使能作业优先级处理（支持立即写作业）
10	NvMMainFunctionCycleTime	0.01	NvM 主函数调用周期，单位为 s
11	NvMMultiBlockCallback	NULL_PTR	异步多块请求结束时的回调函数
12	NvMPollingMode	true	NvM 作业（读、写、擦）轮询模式启用，回调函数禁用
13	NvMRbAuxInterface	—	启用或禁止附属服务接口
14	NvMRbGenArxmlVersion	—	生成 arxml 文件的版本，仅有宏定义
15	NvMRbInitAtLayoutChange	—	在检测到块布局变化时使能或禁止各 NvM 块初始化，仅当 NvMRbInitBlockAtLayoutChange 配置为 true 时生效
16	NvMRbMultiBlockStartCallback	—	异步多块请求启动时的回调函数，这个配置项在代码中不起作用
17	NvMRbObserverCallback	—	异步请求中块处理操作完成时的回调函数，这个配置项在代码中不起作用
18	NvMRbRamInitCheck	—	复位发生后选择 NvM 模块的行为
19	NvMRbRemoveNonResistantBlocks	—	使能或禁止增强动态配置，仅当 NvMDynamicConfiguration 配置为 true 时生效（该参数与配置 ID 的比较和处理有关）
20	NvMRbReqMonDevId	—	用于请求监控 NVRAM 块定位的设备，代码中无此配置项
21	NvMRbReqMonitor	—	定义 NvM 的请求监控功能
22	NvMRbRuntimeRamBlockConfiguration	—	启用或禁用运行时计算 NvM 块长度和 RAM 区数据地址的功能
23	NvMRbRuntimeRamBufferAddressEnd	—	运行时计算 NV 块长度时，定义用于显式同步的 RAM 区的尾地址，代码中无此配置项

续表

序号	配置项	配置值	说明
24	NvMRbRuntimeRamBufferAddressStart	—	运行时计算 NV 块长度时，定义用于显式同步的 RAM 区的首地址，代码中无此配置项
25	NvMRbSetWriteAllTriggerApi	true	NvM_Rb_SetWriteAllTrigger 启用
26	NvMRepeatMirrorOperations	—	定义推迟当前作业前应用尝试向 NvM 镜像读取或写入数据的次数
27	NvMSetRamBlockStatusApi	true	NvM_SetRamBlockStatus 启用（设定永久 RAM 块状态或 NVRAM 块显式同步状态）
28	NvMSizeImmediateJobQueue	—	定义立即优先级工作队列的入口数量
29	NvMSizeStandardJobQueue	1	定义标准工作队列的入口数量
30	NvMVersionInfoApi	false	版本信息 API 禁用

③ NvM 块描述符配置。每一个存储在 NvM 中的条目作为一个块描述符，可根据项目需要配置多个 NvM 块描述符，图 5-47 和图 5-48 为其配置界面。

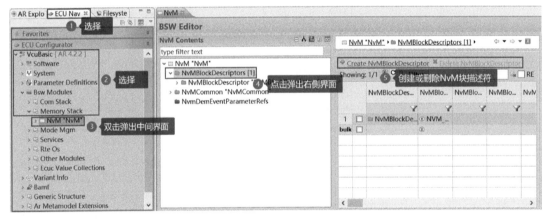

图 5-47 NvM 块描述符增减

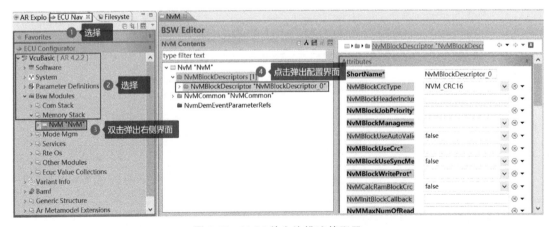

图 5-48 NvM 单个块描述符配置

NvM 至少需要配置 2 个块描述符,即多块(Multiblock)和配置 ID,具体配置参数如表 5-81 所列,其他块描述符在其之后添加。

表 5-81 块描述符配置参数

序号	配置项	配置值(多块)	配置值(ID)	说明
1	ShortName	NvM_MultiBlock	NvM_ConfigId	配置箱名称
2	NvMBlockCrcType	NVM_CRC16	NVM_CRC16	配置 NvM 块的 CRC 数据宽度
3	NvMBlockHeaderInclude	—	—	所包含的 NvM 块头文件
4	NvMBlockJobPriority	1	1	定义 NvM 块的作业优先级,值越小表示优先级越高。当前版本的 NvM 模块支持 2 种优先级,0 表示立即优先级,1 表示标准优先级
5	NvMBlockManagementType	NVM_BLOCK_NATIVE	NVM_BLOCK_NATIVE	定义 NvM 块的管理类型:标准、冗余、数据集
6	NvMBlockUseAutoValidation	—	false	定义 NvM 块是否在 NvM_ValidateAll 中被处理
7	NvMBlockUseCrc	true	true	启用 NvM 块 CRC 校验
8	NvMBlockUseSyncMechanism	false	false	禁用显式同步机制
9	NvMBlockWriteProt	false	false	禁用 NV 块初始化写保护
10	NvMCalcRamBlockCrc	false	false	禁用永久 RAM 块的 CRC 计算(当前版本的 NvM 模块不支持,该配置项永远为 false)
11	NvMInitBlockCallback	NULL_PTR	NULL_PTR	如果没有用于初始化 NVRAM 块的 ROM 数据,这里可指定由该块激活的回调函数的名称
12	NvMMaxNumOfReadRetries	0	0	尝试读取的最大数量(当前版本的 NvM 模块不支持,该配置项恒为 0)
13	NvMMaxNumOfWriteRetries	0	0	尝试写入的最大数量(当前版本的 NvM 模块不支持,该配置项恒为 0)
14	NvMNvBlockLength	1	2	定义 NV 块的数据长度(包含字节数)
15	NvMNvBlockNum	1	1	根据块管理类型定义其连接区域多个 NV 块的数量(标准类型为 1,冗余类型为 2,数据集类型为 1~255,且 NV 块与 ROM 块之和应小于或等于 255)
16	NvMNvramBlockIdentifier	—	—	用于 NvM API 函数的 NVRAM 块标识符
17	NvMNvramDeviceId	0	0	NVRAM 块定位设备的标识符,0 表示 FEE,1 表示 EEPROM
18	NvMRamBlockDataAddress	—	NvM_Prv_idConfigStored_u16	定义永久块数据的起始地址
19	NvMRbBlockPersistentId	—	—	定义表达块独有属性的 ID
20	NvMRbFirstReadDataMigration	—	—	使能或禁用块的首次读取数据迁移功能
21	NvMRbGenRteAdminPort	—	—	定义是否为该块生成管理端口

续表

序号	配置项	配置值(多块)	配置值(ID)	说明
22	NvMRbGenRteServicePort	—	—	定义是否为该块生成服务端口
23	NvMRbInitBlockAtLayoutChange	—	—	如果检测出块布局变化,定义NvM块是否被初始化
24	NvMRbNoFallback	—	—	激活或停用对同一块旧副本的回退机制
25	NvMRbNvBlockLengthString	—	—	定义NV块的数据长度
26	NvMRbRamBlockDataAddressString	—	—	定义RAM块数据长度(C表达式格式)
27	NvMRbResistantToLayoutRemoval	—	—	定义NvM块能否适应布局移除
28	NvMRbSelectBlockForFirstInitAll	—	—	定义NvM块在NvM_Rb_FirstInitAll中是否被处理
29	NvMRbSingleBlockStartCallback	—	—	在每次访问实际内存介质时调用的特定块回调函数的名称
30	NvMReadRamBlockFromNvCallback	—	—	用于将数据从NvM模块镜像复制至RAM块的特定块回调函数的名称
31	NvMResistantToChangedSw	false	false	定义NVRAM块能否适应配置变化
32	NvMRomBlockDataAddress	—	—	定义ROM块数据的起始地址
33	NvMRomBlockNum	0	0	根据块管理类型定义其连接区域多个ROM块的数量(标准类型和冗余类型为0~1,数据集类型为0~254,且NV块与ROM块之和应小于或等于255)
34	NvMSelectBlockForReadAll	—	true	定义NVRAM块是否在NvM_ReadAll中被处理
35	NvMSelectBlockForWriteAll	—	true	定义NVRAM块是否在NvM_WriteAll中被处理
36	NvMSingleBlockCallback	—	—	访问实际存储媒介终止时的特定块回调函数名称
37	NvMStaticBlockIDCheck	false	false	使能或禁用静态块ID检查(当前版本的NvM模块不支持,该配置项永远为false)
38	NvMWriteBlockOnce	false	false	在成功读取或写入内存介质后,禁用该块的自动写入保护
39	NvMWriteRamBlockToNvCallback	—	—	让应用程序将数据从RAM块复制到NvM模块镜像的指定块回调函数名称
40	NvMWriteVerification	false	false	使能或禁用写验证(当前版本的NvM模块不支持,该配置项永远为false)
41	NvMWriteVerificationDataSize	0	0	定义写验证期间比较RAM块和回读块内容时在每个步骤要比较的字节数。如果禁用了此块的写入验证功能,则忽略此参数

每一个存储在 NvM 中的数据都需要创建 1 个块描述符，表 5-82 为配置示例，其中，各配置项说明同表 5-81。重卡牵引车 VCU 项目需要创建"单次里程"和"总里程"2 个块描述符。

表 5-82 其他块描述符配置示例

序号	配置项	配置值
1	ShortName	根据需要自定义
2	NvMBlockCrcType	NVM_CRC16
3	NvMBlockHeaderInclude	—
4	NvMBlockJobPriority	1
5	NvMBlockManagementType	NVM_BLOCK_NATIVE
6	NvMBlockUseAutoValidation	—
7	NvMBlockUseCrc	true
8	NvMBlockUseSyncMechanism	false
9	NvMBlockWriteProt	false
10	NvMCalcRamBlockCrc	false
11	NvMInitBlockCallback	NULL_PTR
12	NvMMaxNumOfReadRetries	0
13	NvMMaxNumOfWriteRetries	0
14	NvMNvBlockLength	根据需要配置长度
15	NvMNvBlockNum	1
16	NvMNvramBlockIdentifier	—
17	NvMNvramDeviceId	0
18	NvMRamBlockDataAddress	自定义绝对地址（如：0x1234ABCD）或链接器标识符（如：MyTestRamBlock）或指针（如：&MyTestRamBlock）
19	NvMRbBlockPersistentId	—
20	NvMRbFirstReadDataMigration	—
21	NvMRbGenRteAdminPort	—
22	NvMRbGenRteServicePort	true
23	NvMRbInitBlockAtLayoutChange	—
24	NvMRbNoFallback	—
25	NvMRbNvBlockLengthString	—
26	NvMRbRamBlockDataAddressString	—
27	NvMRbResistantToLayoutRemoval	—
28	NvMRbSelectBlockForFirstInitAll	—
29	NvMRbSingleBlockStartCallback	—
30	NvMReadRamBlockFromNvCallback	—

续表

序号	配置项	配置值
31	NvMResistantToChangedSw	false
32	NvMRomBlockDataAddress	—
33	NvMRomBlockNum	0
34	NvMSelectBlockForReadAll	true
35	NvMSelectBlockForWriteAll	true
36	NvMSingleBlockCallback	—
37	NvMStaticBlockIDCheck	false
38	NvMWriteBlockOnce	false
39	NvMWriteRamBlockToNvCallback	—
40	NvMWriteVerification	false
41	NvMWriteVerificationDataSize	0

5.4.5 CRC 配置

下面介绍 CRC 模块及其配置步骤。

（1）CRC 介绍

CRC 库包含下列 CRC 计算例程：

——CRC8 SAEJ1850；

——CRC8H2F：CRC8 0x2F 多项式；

——CRC16；

——CRC32；

——CRC32P4：CRC32 0x1F4ACFB13 多项式。

对于上述所有例程，可采用下列计算方法：

——基于表格的计算：执行速度快，但需要较大的 ROM 区存放数据表。

——实时计算：执行速度慢，因无数据表，对 ROM 大小要求低。

——硬件支持的 CRC 计算（设备专用）：执行速度快，更少的 CPU 时间。

所有的例程都是可以重新进入的，并且可以同时被多个应用程序使用。未来一些设备可能会支持基于硬件的 CRC 计算。

① 标准参数。本节介绍用于 8 位、16 位、32 位 CRC 计算的通用标准参数。

——CRC 结果宽度（CRC result width）：定义 CRC 计算结果的数据宽度。

——多项式（Polynomial）：定义用于 CRC 算法的生成多项式。

——初始值（Initial value）：定义 CRC 计算的起始条件。

——数据反射（Data reflection）：一种基于位的反射，即数据位以相反的顺序写入。

——反射的输入数据（Input data reflected）：定义每个输入字节的位在被处理之前是否执行反射操作。

——反射的结果数据（Result data reflected）：定义 CRC 结果是否执行反射操作。

——XOR 值（XOR value）：在确定官方校验和之前，该值将与最终的寄存器值做异或运算。

——校验（Check）：该域为一个校验值，可用作算法实现的弱验证器。

——魔法检查（Magic check）：CRC 检查过程会在整个数据块（包含 CRC 结果）上计算 CRC 码。

② 一般行为。数据块向 CRC 例程传递的参数包括起始地址（start address）、大小（size）和初始值（start value），返回值为 CRC 计算结果（CRC result）。

③ 计算步骤。CRC 函数应执行下列操作。

——作为 CRC 计算的"初始值"，使用多项式的"初始值"属性。

$$Crc = PolynomialInitVal$$

——如果多项式的"输入数据反射"属性为"TRUE"，则反射输入数据（逐个字节）由"数据指针（Crc_DataPtr）"和"数据长度（Crc_Length）"获得。

$$Data = reflect8（Data）$$

——通过数据、最后 1 个 CRC 码和 CRC 多项式计算 CRC 结果。

$$Crc = f（Data，Crc，Polynomial）$$

——在 CRC 和多项式的"XOR 值"之间执行 XOR 操作。

$$Crc = Crc \wedge PolynomialXorVal$$

——如果多项式的"结果数据反射"属性为"TRUE"，执行反射操作（8、16 或 32 位，由 CRC 大小决定）。

$$Crc = reflectCrc\ size（Crc）$$

——CRC 返回。

(2) CRC 设计

首先需要在 ISOLAR-B 中创建 CRC 模块及其 arxml 文件，再对其各箱进行配置。

① CRC 模块创建。按照图 5-49 和图 5-50 所示的步骤创建 CRC 模块。

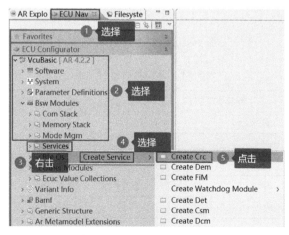

图 5-49 CRC 模块创建启动

② CRC 通用配置。按照图 5-51 所示的步骤进入 CRC 通用配置界面，表 5-83 为其配置情况。

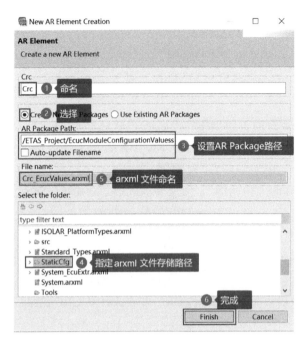

图 5-50 CRC 模块创建操作

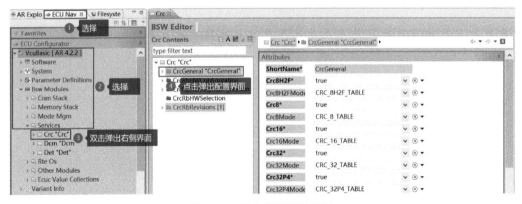

图 5-51 CRC 通用配置界面

表 5-83 CRC 通用参数配置

序号	配置项	配置值	说明
1	ShortName	CrcGeneral	配置箱名称
2	Crc8H2F	true	CRC8 0x2F 多项式是否适用
3	Crc8H2FMode	CRC_8H2F_TABLE	选择 1 种 CRC8(2Fh 多项式)的计算方法
4	Crc8	true	CRC8 是否适用
5	Crc8Mode	CRC_8_TABLE	选择 1 种 CRC8(SAE J1850)的计算方法
6	Crc16	true	CRC16 是否适用
7	Crc16Mode	CRC_16_TABLE	选择 1 种 CRC16(CCITT)的计算方法
8	Crc32	true	CRC32 是否适用
9	Crc32Mode	CRC_32_TABLE	选择 1 种 CRC32(IEEE 802.3 CRC32 以太网标准)的计算方法

续表

序号	配置项	配置值	说明
10	Crc32P4	true	CRC32 0xF4ACFB13 多项式是否适用
11	Crc32P4Mode	CRC_32P4_TABLE	选择 1 种 CRC32(E2E Profile 4)的计算方法
12	Crc64	false	CRC64 是否适用
13	Crc64Mode	CRC_64_TABLE	选择 1 种 CRC64(EMCA)的计算方法
14	CrcVersionInfoApi	true	使能或禁用 CRC 版本信息

③ CRC 修订配置。按照图 5-52 的方法进入 CRC 修订配置界面，表 5-84 为其配置情况。

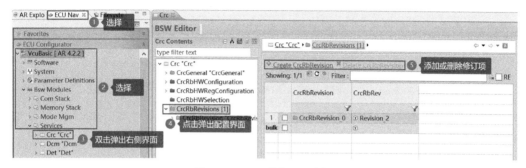

图 5-52 CRC 修订配置界面

表 5-84 CRC 修订参数配置

序号	配置项	配置值	说明
1	ShortName	CrcRbRevision	配置箱名称
2	CrcRbRev	Revision_2	选择 CRC 模块的 AUTOSAR 4.0 修订版

5.4.6 存储相关模块配置

在存储模块配置完成后，还需要在程序中调用各子模块的初始化和执行函数。

（1）BswM

各 BSW 模块初始化和数据读写的函数在 BswM 中调用。

① NvM 模块使能。依照图 5-53 将 BswM 中的 NvM 模块使能。

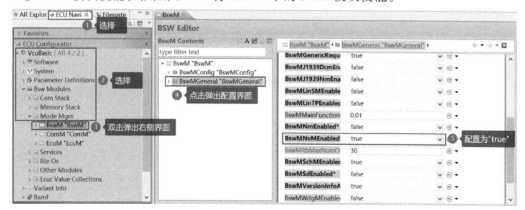

图 5-53 BswM 中的 NvM 使能配置

② BswM 行为创建。依次创建表 5-85 所列的行为。

表 5-85 BswM 行为

序号	行为配置描述	含义
1	BswM_AI_FeeInit ShortName：BswMAvailableActions ShortName：BswMUserCallout BswMUserCalloutFunction：Fee_Init(NULL_PTR)	FEE 初始化
2	BswM_AI_NvMInit ShortName：BswMAvailableActions ShortName：BswMUserCallout BswMUserCalloutFunction：NvM_Init()	NvM 初始化
3	BswM_AI_NvMReadAll ShortName：BswMAvailableActions ShortName：BswMUserCallout BswMUserCalloutFunction：IC_BswM_NvM_ReadAll()	NvM 全部数据读取
4	BswM_AI_WriteAll ShortName：BswMAvailableActions ShortName：BswMUserCallout BswMUserCalloutFunction：IC_BswM_NvM_WriteAll()	NvM 全部数据写入
5	BswM_AI_ReadNvM ShortName：BswMAvailableActions ShortName：BswMUserCallout BswMUserCalloutFunction：RE_NvM_Read_func()	NvM 指定数据读取

③ BswM 行为列表添加。将新创建的 BswM 行为添加到 BswM_AL_BswMSwitchStartupTwo 和 BswM_AL_BswMSwitchPrepShutdown 两个行为列表中，加粗字体为本次添加的条目，如表 5-86 和表 5-87 所列。

表 5-86 BswM_AL_BswMSwitchStartupTwo 列表条目配置

序号	行为列表条目	失败时中止	索引	行为列表条目引用
1	**BswM_ALI_FeeInit**	FALSE	0	**BswM_AI_FeeInit**
2	**BswM_ALI_NvMInit**	FALSE	1	**BswM_AI_NvMInit**
3	**BswM_ALI_NvMReadAll**	FALSE	2	**BswM_AI_NvMReadAll**
4	**BswM_ALI_NvMRead**	FALSE	3	**BswM_AI_ReadNvM**
5	BswM_ALI_BswMStartupTwo	FALSE	4	BswM_AI_BswMSwitchStartupTwo

表 5-87 BswM_AL_BswMSwitchPrepShutdown 列表条目配置

序号	行为列表条目	失败时中止	索引	行为列表条目引用
1	BswM_ALI_NotAllowComm_Can0	FALSE	0	BswM_AI_ComMCommNotAllowed_Can0
2	BswM_ALI_ComMReqNoComm_User0	FALSE	1	BswM_AI_ComMReqNoComm_User0
3	BswM_ALI_NotAllowComm_Can2	FALSE	2	BswM_AI_ComMCommNotAllowed_Can2
4	BswM_ALI_ComMReqNoComm_User2	FALSE	3	BswM_AI_ComMReqNoComm_User2

续表

序号	行为列表条目	失败时中止	索引	行为列表条目引用
5	BswM_ALI_NotAllowComm_Can3	FALSE	4	BswM_AI_ComMCommNotAllowed_Can3
6	BswM_ALI_ComMReqNoComm_User3	FALSE	5	BswM_AI_ComMReqNoComm_User3
7	BswM_ALI_StopPdu	FALSE	6	BswM_AI_StopPdu
8	**BswM_ALI_WriteAll**	FALSE	7	**BswM_AI_WriteAll**
9	BswM_ALI_CanTransceiverSleep	FALSE	8	BswM_AI_CanTransceiverSleep
10	BswM_ALI_BswMPrepShutdown	FALSE	9	BswM_AI_BswMSwitchPrepShutdown

（2）EcuM

MCAL Fls 模块的初始化在 EcuM 中实现，具体操作参照本书 6.8 节。

5.4.7 存储模块代码生成

分别在 ISOLAR-AB 和 EB Tresos 中生成 BSW 和 MCAL 的代码，注意新增加的 BSW 模块（NvM、MemIf、FEE、CRC）还需在非工程路径下生成静态代码，以便后续静态代码移植。

在生成 BSW 代码的过程中，须手动勾选 "Rba_FeeFs1"。

5.4.8 存储软件组件设计

须创建 NvM_SWC 对参数进行读写操作。

（1）创建软件组件

按照 4.1.1 节的方法进行。

（2）软件组件内部行为设计

SWC 内部行为设计包含创建端口、添加运行实体、添加运行实体的 RTE 事件等。

① 创建软件组件的内部行为。内部行为名称为 "IB_NvM_SWC"。

② 软件组件端口添加。存储软件组件所包含的端口如表 5-88 所列，存储相关端口创建有如下注意事项。

——用于与 NvM 模块映射，每个存储条目须对应 1 个 RPort 接口。

——单片机上电时从内部 FLASH 读取的参数，只需将总里程向应用软件层传递，单次里程由于每次上电重新计算，无需传递。

——单片机下电时需要存储到内部 FLASH 中的参数，有单次里程和总里程。

表 5-88 存储软件组件端口表

序号	端口		映射接口		说明
	类型	名称	类型	映射接口名称	
1	RPort	RP_NvM_SingleMileage	C/S	NvMService	单次里程：与 NvM 模块对应条目映射
2	RPort	RP_NvM_AccumulatedMileage	C/S	NvMService	总里程：与 NvM 模块对应条目映射

续表

序号	端口		映射接口		说明
	类型	名称	类型	映射接口名称	
3	PPort	PP_APP_Total_Mileage	S/R	hld_Mf_Total_Mileage_EE	总里程:上电时基础软件向应用软件层发送
4	RPort	RP_APP_Once_Mileage	S/R	copt_Mw_Once_Mileage	单次里程:下电前基础软件从应用软件层接收
5	RPort	RP_APP_Total_Mileage	S/R	copt_Mdw_Total_Mileage	总里程:下电前基础软件从应用软件层接收

③ 添加运行实体。表5-89列出了"NvM_SWC"软件组件所含的运行实体及其功用。

表5-89 存储软件组件运行实体及其功用

序号	运行实体名	函数名	文件名	功用
1	RE_NvM_Read	RE_NvM_Read_func	RE_NvM_Read_func.c	内部FLASH数据读取
2	RE_NvM_Write	RE_NvM_Write_func	RE_NvM_Write_func.c	内部FLASH数据写入

④ 添加运行实体与所属软件组件的端口访问。各运行实体包含的端口如表5-90所列,图5-54和图5-55为添加NvM相关端口的方法。

表5-90 存储软件组件运行实体所含端口表

序号	运行实体	包含端口
1	RE_NvM_Read	PP_APP_Total_Mileage(Data Access Points) RP_NvM_SingleMileage(Server Call Points) RP_NvM_AccumulatedMileage(Server Call Points)
2	RE_NvM_Write	RP_APP_Once_Mileage(Data Access Points) RP_APP_Total_Mileage(Data Access Points) RP_NvM_SingleMileage(Server Call Points) RP_NvM_AccumulatedMileage(Server Call Points)

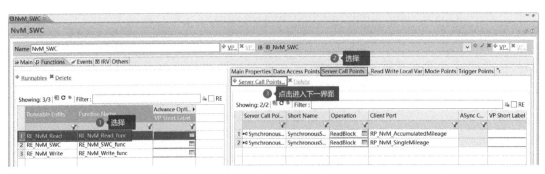

图5-54 NvM端口添加启动

⑤ 添加运行实体的RTE事件。表5-91列出了"NvM_SWC"软件组件各运行实体的RTE事件及相应参数,"RE_NvM_Read"运行实体在BswM中调用。

图 5-55　NvM 端口添加操作

表 5-91　存储软件组件周期性事件运行实体和参数

序号	运行实体名	执行周期
1	RE_NvM_Write	0.01s

（3）添加实例内存

按照图 5-56 的步骤添加实例内存，其名称须参照图 5-57 的 NvM 模块配置参数。

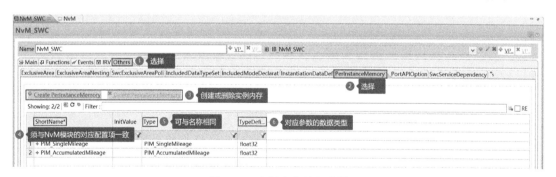

图 5-56　实例内存添加步骤

自定义类型（type）需要在"Data Types-> Implementation Data Types"的"composite"中添加定义，如图 5-58 所示。

（4）软件组件加入部件和 VCU

将前面自动生成或用户创建的 NvM 和 NvM_SWC 软件组件加入部件和 VCU。

5.4.9　存储功能集成

软件集成按照下列步骤进行。

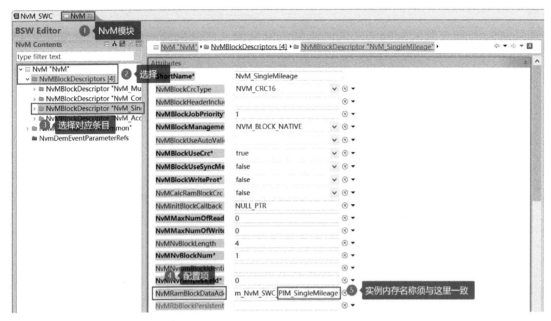

图 5-57 实例内存名称对应 NvM 模块配置参数

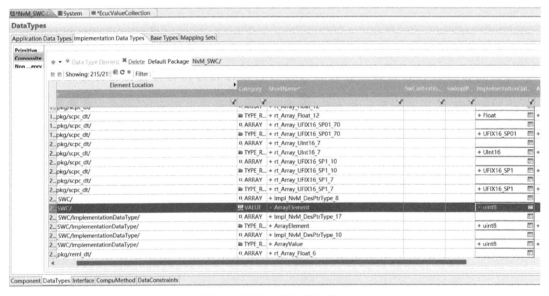

图 5-58 自定义实现数据类型

（1）内部信号连接

将 NvM 和 NvM_SWC 两个软件组件的相应端口连接起来，表 5-92 为连接端口示例。

表 5-92 存储模块内部信号连接端口

序号	NvM 软件组件端口名	NvM_SWC 软件组件端口名
1	NvM_AccumulatedMileage	RP_NvM_AccumulatedMileage
2	NvM_SingleMileage	RP_NvM_SingleMileage

(2) 任务调度

按照表 5-93 将周期性执行的运行实体拖到对应任务中。

表 5-93 存储模块任务调度配置

序号	OS 任务	运行实体
1	ASW_OsTask_10ms	RE_NvM_Write
2	BSW_OsTask_10ms	MemIf_Rb_MainFunction SE_MainFunction

可在完成本步后依次进行抽取、生成 RTE 和生成 SWC 代码的操作。

(3) 后续步骤

按照 5.1.5 节中的方法依次进行静态代码移植、集成文件移植、内存映射文件移植和 Hightec 配置。

5.4.10 存储代码编写

存储模块分为参数读取和写入两部分。

(1) 设计思路

存储模块的设计思路：在 VCU 上电后的 BswM_AL_BswMSwitchStartupTwo 阶段，将 DFLASH 中的数据逐一读出；在接收到应用软件层的休眠指令后，将相关参数依次存入。

存储模块主要在 NvM_SWC.h、RE_NvM_Read_func.c 和 RE_NvM_Write_func.c 中实现（须屏蔽程序文件自动生成的 PIM 语句），下面做简要说明。

(2) 参数读取

存储模块读取在 RE_NvM_Read_func.c 中实现，由于该函数仅在初始化阶段执行一次，故需要在其中加入 NvM 和 MemIf 主函数和状态获取函数的调用，具体参照以下代码段：

```
while(ReadCnt < 3U)                           /* 初始值为 1 */
{
    switch(ReadCnt)
    {
    case 1:
        /* 从内部 FLASH 中读取单次里程 */
        ConfirmReadRes = Rte_Call_RP_NvM_SingleMileage_ReadBlock(
            &SingleMileage_read);
        break;
    case 2:
        /* 从内部 FLASH 中读取总里程 */
        ConfirmReadRes = Rte_Call_RP_NvM_AccumulatedMileage_ReadBlock(
            &AccumulatedMileage_read);
        break;
    default:
```

```c
        break;
    }
    do {
        NvM_MainFunction();                         /* NvM 主函数 */
        MemIf_Rb_MainFunction();                    /* MemIf 主函数 */
        NvM_Rb_GetStatus(&status_NvM);              /* 获取 NvM 状态 */
        stMemIf_en = MemIf_Rb_GetStatus();          /* 获取 MemIf 状态 */
        /* 当 NvM 或 MemIf 状态为繁忙时,持续进行读取和状态获取操作 */
    } while((status_NvM == NVM_RB_STATUS_BUSY) ||
        (stMemIf_en == MEMIF_BUSY));
    if(E_OK == ConfirmReadRes)                      /* 读取成功 */
    {
        ReadCnt++;                                  /* 继续读取下一个参数 */
    }
}
```

（3）参数写入

存储模块写入在 RE_NvM_Write_func.c 中实现,具体参照以下代码段:

```c
/* 从应用软件层接收的数据:总线值 */
retRead1 = Rte_Read_RP_APP_Total_Mileage_copt_Mdw_Total_Mileage(
    &Total_Mileage);
retRead2 = Rte_Read_RP_APP_Once_Mileage_copt_Mw_Once_Mileage(
    &Once_Mileage);


/* 手动计算:总线值->物理值 */
AccumulatedMileage_Write = (float32)(Total_Mileage * 0.005);
/* 目前不需要存储单次里程,故没有计算 */

if(Base_SWC_SysShutdown == TRUE)                    /* 接收到应用软件层的休眠指令 */
{
    switch(NvMWritestate)                           /* 初始值为 0 */
    {
    case 0:
        /* 将单次里程写入内部 FLASH */
        WriteFinishedFlag = Rte_Call_RP_NvM_SingleMileage_WriteBlock(
            &SingleMileage_Write);
        break;
    case 1:
        /* 将总里程写入内部 FLASH */
        WriteFinishedFlag = Rte_Call_RP_NvM_AccumulatedMileage_WriteBlock(
            &AccumulatedMileage_Write);
        break;
```

```
    default:
        break;
}
/* 前一个写入成功再写下一个 */
if((WriteFinishedFlag == E_OK)&&(NvMWritestate < 3))
{
    NvMWritestate++;
}
else
{
}
}
```

5.5 其他模块设计

除上述四个模块外，重卡自动驾驶 VCU 还用到 XCP、DCM、CanSM 等 BSW 模块，由于设计思路相通，这里就不再详细介绍了，读者可在研读对应 AUTOSAR 规范的基础上自行设计调试。

6 AUTOSAR MCAL设计

在 AUTOSAR 分层架构中,MCAL 是最基础的一层。该层由于直接和单片机打交道,在整个开发流程中往往最靠前,在电路板测试过程中也发挥着至关重要的作用。

本章在梳理 MCAL 设计一般步骤的基础上,重点介绍几个常见模块的配置方法。

6.1 MCAL 设计通用步骤

下面以 UART 模块为例,介绍 AUTOSAR CP 中 MCAL 模块的通用设计步骤,表 6-1 列出了本示例中 UART 模块的设计需求。

表 6-1 UART 模块设计需求

序号	项目	需求
1	TXD	映射到 P14.10
2	RXD	映射到 P14.8
3	波特率	19200
4	数据位	8
5	停止位	1
6	奇偶校验位	NONE

6.1.1 MCAL 相关模块梳理

在设计一个 MCAL 模块前,首先应研读相应用户手册(User Manual),找出本模块与其他模块的联系,从而确认需配置的全部 MCAL 模块。MCAL 用户手册作为 MCAL 开发过程中最重要的文档,存在于"EB Tresos Studio"的安装包中。

UART 涉及的 MCAL 模块如表 6-2 所列。

表 6-2　UART 涉及的 MCAL 模块

序号	MCAL 模块	功用
1	Port	TXD 和 RXD 端口特性配置
2	MCU	时钟频率和 ASCLIN 模式配置
3	UART	串口核心收发行为配置
4	Irq	中断类型和类别配置

6.1.2　Port 模块配置

首先需要配置参与串口通信的 P14.8 和 P14.10，重点是将 P14.10 的功能配置为"ATX1"，如表 6-3 和表 6-4 所列。

表 6-3　P14.8 参数配置

序号	配置项	配置值	说明
1	PortPinId	232	每个引脚唯一的 ID 号,不可配置
2	PortPinSymbolicName	PORT_14_PIN_8	用户为 P14.8 引脚定义的名字
3	PortPinDirection	PORT_PIN_IN	引脚用作输入
4	PortPinDirectionChangeable	NC	因未使能相应 API 函数,不可配置
5	PortPinInputCharacteristic	PORT_PIN_IN_NO_PULL	无上下拉输入
6	PortPinInputHysteresis	FALSE	不启用滞后功能
7	PortPinOutputCharacteristic	NC	输入引脚不可配置
8	PortPinLevelValue	PORT_PIN_LEVEL_LOW	引脚缺省值为 0
9	PortPinInitialMode	PORT_PIN_MODE_GPIO	用作通用输入输出引脚
10	PortPinModeChangeable	NC	因未使能相应 API 函数,不可配置
11	PortPinDriverStrength	NC	输入引脚不可配置
12	PortPinPadLevel	PORT_PDR_CMOS_AUTOMOTIVE_LEVEL	引脚电平级别:车辆电平
13	PortPinAnalogInput	NC	非特定引脚不可配置
14	PortPinControllerSelect	NC	非特定引脚不可配置

表 6-4　P14.10 参数配置

序号	配置项	配置值	说明
1	PortPinId	234	每个引脚唯一的 ID 号,不可配置
2	PortPinSymbolicName	PORT_14_PIN_10	用户为 P14.10 引脚定义的名字
3	PortPinDirection	PORT_PIN_OUT	引脚用作输出
4	PortPinDirectionChangeable	NC	因未使能相应 API 函数,不可配置
5	PortPinInputCharacteristic	NC	输出引脚不可配置
6	PortPinInputHysteresis	NC	输出引脚不可配置

续表

序号	配置项	配置值	说明
7	PortPinOutputCharacteristic	PORT_PIN_OUT_PUSHPULL	推挽输出
8	PortPinLevelValue	PORT_PIN_LEVEL_LOW	引脚缺省值为 0
9	PortPinInitialMode	PORT_PIN_MODE_ALT4	可选输出功能 4：TAX1
10	PortPinModeChangeable	NC	因未使能相应 API 函数，不可配置
11	PortPinDriverStrength	PORT_CMOS_SPEED_GRADE1	驱动强度：CMOS 速度等级 1
12	PortPinPadLevel	PORT_PDR_CMOS_AUTOMOTIVE_LEVEL	引脚电平级别：车辆电平
13	PortPinAnalogInput	NC	非特定引脚不可配置
14	PortPinControllerSelect	NC	非特定引脚不可配置

6.1.3 MCU 模块配置

MCU 配置分为 ASCLIN 和 Clock 两部分。

（1）ASCLIN 配置

按照图 6-1 和图 6-2 将 ASCLIN1 配置为 UART 驱动。

图 6-1 MCU 配置

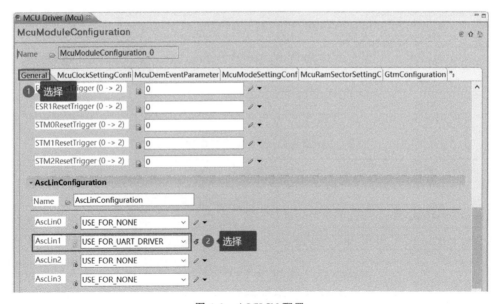

图 6-2 ASCLIN 配置

（2）时钟配置

按照图 6-3 和图 6-4 配置 ASCLIN 模块的时钟，本节示例配置为 100MHz。

图 6-3　ASCLIN 时钟配置（一）

图 6-4　ASCLIN 时钟配置（二）

6.1.4　UART 模块配置

依次进行通用箱配置和 UART 集配置。

（1）通用箱配置

下面介绍 UART 模块通用（General）箱的配置方法，图 6-5 为配置界面，表 6-5 为各项的配置参数和简要说明。

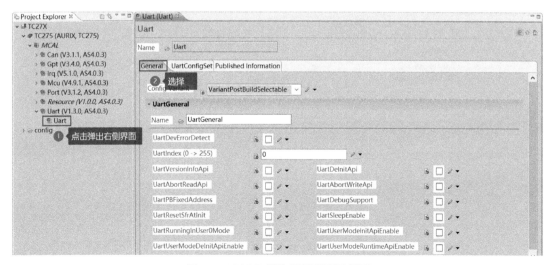

图 6-5　UART 模块通用箱配置界面

表 6-5 UART 模块通用箱参数配置

序号	配置项	配置值	说明
1	Config Variant	VariantPostBuildSelectable	构建后可选择
2	Name	UartGeneral	配置箱名称
3	UartDevErrorDetect	false	开发错误检测禁止
4	UartIndex(0->255)	0	UART 索引，必须为 0
5	UartVersionInfoApi	false	版本信息 API 禁用
6	UartDeInitApi	false	UART 反向初始化 API 禁用
7	UartAbortReadApi	false	UART 中止接收 API 禁用
8	UartAbortWriteApi	false	UART 中止发送 API 禁用
9	UartPBFixedAddress	false	配置参数集不存放固定地址
10	UartDebugSupport	false	UART 调试功能禁用
11	UartResetSfrAtInit	false	禁止在 UART 初始化前复位相关 SFR 的缺省值
12	UartSleepEnable	true	当收到 MCU 的休眠请求时 ASCLIN 模块进入休眠状态
13	UartRunningInUser0Mode	false	UART 不在用户 0 模式下运行
14	UartUserModeInitApiEnable	false	在所有初始化 API 中禁止保护寄存器访问
15	UartUserModeDeInitApiEnable	false	在所有反向初始化 API 中禁止保护寄存器访问
16	UartUserModeRuntimeApiEnable	false	在所有非初始化/反向初始化 API 中禁止保护寄存器访问

（2）UART 集配置

下面介绍 UART 集（UartConfigSet）的配置情况，图 6-6 为其配置界面。

图 6-6 UART 集配置界面

① 通用配置。图 6-7 为 UART 集通用（General）配置界面，表 6-6 为各项的配置参数和简要说明。

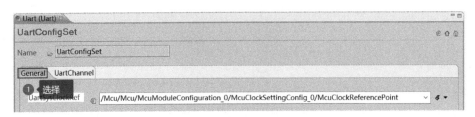

图 6-7 UART 集通用配置界面

表 6-6 UART 集通用参数配置

序号	配置项	配置值	说明
1	UartSysClockRef	/Mcu/Mcu/McuModuleConfiguration_0/McuClockSettingConfig_0/McuClockReferencePoint	UART 系统时钟引用，MCU 模块配置值为 100MHz

② UART 通道配置。图 6-8 为 UART 通道（UartChannel）配置界面，表 6-7 为各项的配置参数和简要说明。

图 6-8 UART 通道配置界面

表 6-7 UART0 通道参数配置

序号	配置项	配置值	说明
1	Name	UartChannel_0	配置箱名称
2[①]	UartBaudRate	19200	UART 通信波特率
3	UartHwUnit	ASCLIN1	硬件 ASCLIN 通道，使用 P14.8（RXD）和 P14.10（TXD）口
4	UartChannelId	0	UART 通道 ID，不可配置
5	UartAutoCalcBaudParams	true	自动波特率计算使能
6	UartChanBaudNumerator	—	BRG 寄存器的分子域，自动计算波特率时无需配置
7	UartChanBaudDenominator	—	BRG 寄存器的分母域，自动计算波特率时无需配置
8	UartChanBaudPrescalar	—	BITCON 寄存器的分频域，自动计算波特率时无需配置
9	UartChanBaudOverSampling	—	BITCON 寄存器的采样过密域，自动计算波特率时无需配置
10	UartRxPinSelection	SELECT_DATALINE_D	Rx 口选择：P14.8 为 ASCLIN1 的数据线 D
11	UartDataLength	8	UART 数据长度
12	UartStopBits	1	UART 停止位
13	UartParityBit	NOPARITY	UART 奇偶校验
14	UartCTSEnable	false	CTS 功能禁止
15	UartCTSPolarity	—	CTS 功能禁止时无需配置
16	Name	UartNotification	配置箱名称
17	UartTransmitNotifPtr	UartTransmitNotifPtr	发送完毕的通知函数
18	UartRecieveNotifPtr	UartReceiveNotifPtr	接收到数据的通知函数

续表

序号	配置项	配置值	说明
19	UartAbortTransmitNotifPtr	NULL_PTR	中止发送操作后调用
20	UartAbortReceiveNotifPtr	NULL_PTR	中止接收操作后调用

① 波特率计算公式（$f_A = 100\text{MHz}$）：

$$\text{BAUDRATE} = \frac{f_A \times \text{NUMERATOR}}{(\text{PRESCALER}+1) \times \text{DENOMINATOR} \times (\text{OVERSAMPLING}+1)}$$

6.1.5 中断配置

根据需要配置 UART 模块的中断类型和中断类别。UART 的中断类型包括 Tx 中断、Rx 中断和 Err 中断；中断类别分为一类中断和二类中断，两者的区别和配置方法如表 6-8 所列。

表 6-8 中断类别说明

事项	一类中断	二类中断
含义	中断服务子程序直接响应	由操作系统接管
类别配置①	在 MCAL 的 Irq 模块配置为 CAT1	在 MCAL 的 Irq 模块配置为 CAT23
优先级配置②	在 MCAL 的 Irq 模块中配置	在 RTA-OS 中配置，MCAL 的 Irq 模块写 0
应用③	通常用于与 DMA 配合的收发中断	用于不需要与 DMA 配合的中断
中断初始化函数调用④	必须调用相应的中断初始化函数	无需调用相应的中断初始化函数

① 配置的目的是打开 Xxx_Irq.c 中的相应宏，如下所示：

```
#if((IRQ_ASCLIN1_TX_PRIO > 0) || (IRQ_ASCLIN1_TX_CAT == IRQ_CAT23))
#if((IRQ_ASCLIN1_TX_PRIO > 0) && (IRQ_ASCLIN1_TX_CAT == IRQ_CAT1))
    IFX_INTERRUPT(ASCLIN1TX_ISR, 0, IRQ_ASCLIN1_TX_PRIO)
#elif IRQ_ASCLIN1_TX_CAT == IRQ_CAT23
    ISR(ASCLIN1TX_ISR)       ← 配置目的是打开这类宏，使中断服务子程序与
#endif                          OS建立联系
{

  /* Enable Global Interrupts */
#if (IRQ_ASCLIN1_TX_CAT == IRQ_CAT1)
    Mcal_EnableAllInterrupts();
#endif

#if (IRQ_ASCLIN_CHANNEL1_USED == IRQ_ASCLIN_USED_MCALLIN)
#if ((defined(LIN_ASCLIN1_USED)) && (LIN_ASCLIN1_USED == STD_ON))
    /* Call TX Interrupt funtion*/
    Lin_17_AscLin_IsrTransmit(LIN_ASCLIN1);
#endif/*(LIN_ASCLINx_USED == STD_ON)*/
#endif/*#if (IRQ_ASCLIN_CHANNEL1_USED == IRQ_ASCLIN_USED_MCALLIN)*/

#if (IRQ_ASCLIN_CHANNEL1_USED == IRQ_ASCLIN_USED_MCALUART)
#if ((defined(UART_ASCLIN1_USED)) && (UART_ASCLIN1_USED == STD_ON))
    /* Call TX Interrupt funtion*/
    Uart_IsrTransmit( UART_ASCLIN1);
#endif/*( UART_ASCLINx_USED == STD_ON)*/
#endif
#if (IRQ_ASCLIN_CHANNEL1_USED == IRQ_ASCLIN_USED_MCALSTDLIN)
    /* Complex STDLIN driver usage */
    StdLin_IsrTransmit(1U);
#endif/*#if (IRQ_ASCLIN_CHANNEL1_USED == IRQ_ASCLIN_USED_MCALLIN)*/

}
#endif
```

② 数值越大，优先级越高。

③ 与 DMA 配合的中断，处理源（Irq<ModuleName>TosConfig）配置为 DMA；其他中断配置为相应的 CPUx。

④ 中断初始化函数的格式：Irq<ModuleName>_Init。

(1) MCAL 中断配置

按照图 6-9 和图 6-10 配置 MCAL 的 Irq 模块，配置参数如表 6-9 所列，其余项使用缺省值。

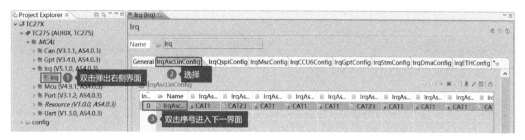

图 6-9　ASCLIN 中断配置（一）

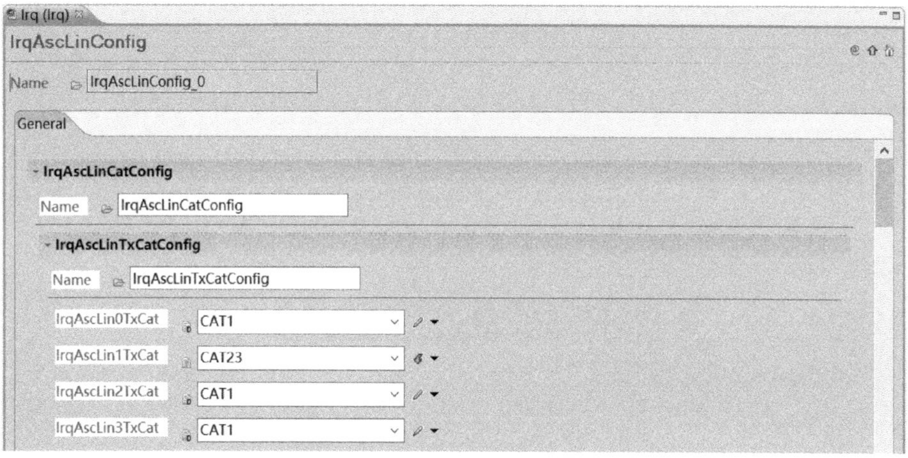

图 6-10　ASCLIN 中断配置（二）

表 6-9　ASCLIN 中断参数配置

序号	配置项	配置值	说明
1	IrqAscLin1TxCat	CAT23	选择二类中断
2	IrqAscLin1RxCat	CAT23	选择二类中断
3	IrqAscLin1ErrorCat	CAT23	选择二类中断
4	IrqAscLin1TxPrio	0	二类中断优先级在 RTA-OS 中配置
5	IrqAscLin1RxPrio	0	二类中断优先级在 RTA-OS 中配置
6	IrqAscLin1ErrorPrio	0	二类中断优先级在 RTA-OS 中配置
7	IrqAscLin1TxTos	CPU0	处理源为 CPU0
8	IrqAscLin1RxTos	CPU0	处理源为 CPU0
9	IrqAscLin1ErrTos	CPU0	处理源为 CPU0

至此，与 UART 有关的 MCAL 模块已配置完成，按照图 6-11 的方式生成代码。

图 6-11　MCAL 代码生成操作

(2) RTA-OS 中断配置

在 RTA-OS 环境下按照图 6-12 配置表 6-10 列出的中断。

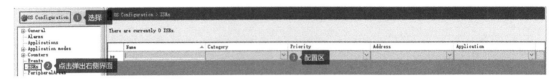

图 6-12　OS 中断配置

表 6-10　OS 中断配置参数

序号	名称	类别	优先级	地址
1	ASCLIN1EX_ISR	CATEGORY_2	37	ASCLIN 1 Error(SRC_ASCLIN1ERR)
2	ASCLIN1RX_ISR	CATEGORY_2	38	ASCLIN 1 Receive(SRC_ASCLIN1RX)
3	ASCLIN1TX_ISR	CATEGORY_2	39	ASCLIN 1 Transmit(SRC_ASCLIN1TX)

注意：表 6-10 中的"名称"非自行命名，须与图 6-13 所示 Xxx_Irq.c 中的对应名称一致，否则编译无法通过。

```
#if((IRQ_ASCLIN1_TX_PRIO > 0) || (IRQ_ASCLIN1_TX_CAT == IRQ_CAT23))
#if((IRQ_ASCLIN1_TX_PRIO > 0) && (IRQ_ASCLIN1_TX_CAT == IRQ_CAT1))
IFX_INTERRUPT(ASCLIN1TX_ISR, 0, IRQ_ASCLIN1_TX_PRIO)
#elif IRQ_ASCLIN1_TX_CAT == IRQ_CAT23
ISR(ASCLIN1TX_ISR)         ❶ 写到RTA-OS环境下中断配置表中的名称
#endif
{
    /* Enable Global Interrupts */
#if (IRQ_ASCLIN1_TX_CAT == IRQ_CAT1)
    Mcal_EnableAllInterrupts();
#endif

#if (IRQ_ASCLIN_CHANNEL1_USED == IRQ_ASCLIN_USED_MCALLIN)
#if ((defined(LIN_ASCLIN1_USED)) && (LIN_ASCLIN1_USED == STD_ON))
    /* Call TX Interrupt funtion*/
    Lin_17_AscLin_IsrTransmit(LIN_ASCLIN1);
#endif/*(LIN_ASCLINx_USED == STD_ON)*/
#endif/*#if (IRQ_ASCLIN_CHANNEL1_USED == IRQ_ASCLIN_USED_MCALLIN)*/

#if (IRQ_ASCLIN_CHANNEL1_USED == IRQ_ASCLIN_USED_MCALUART)
#if ((defined(UART_ASCLIN1_USED)) && (UART_ASCLIN1_USED == STD_ON))
    /* Call TX Interrupt funtion*/
    Uart_IsrTransmit( UART_ASCLIN1);
#endif/*( UART_ASCLINx_USED == STD_ON)*/
#endif
#if (IRQ_ASCLIN_CHANNEL1_USED == IRQ_ASCLIN_USED_MCALSTDLIN)
    /* Complex STDLIN driver usage */
    StdLin_IsrTransmit(1U);
#endif/*#if (IRQ_ASCLIN_CHANNEL1_USED == IRQ_ASCLIN_USED_MCALLIN)*/

}
#endif
```

图 6-13　中断配置名称示例

需在 RTA-OS 中生成 OS 代码，再在 ISOLAR-AB 中进行抽取、BSW 代码生成、RTE 代码生成等操作。

6.1.6　初始化函数调用

UART 模块初始化函数调用在 EcuM 中进行。

按照 5.2.2 节的方法添加"UART"项，并按照表 6-11 进行配置。

表 6-11 UART 初始化参数配置

序号	配置项	配置值	说明
1	ShortName	Uart	配置箱名称
2	EcuMModuleID	Uart	初始化模块的短名称
3	EcuMModuleParameter	POSTBUILD_PTR	函数原型和输入参数定义
4	EcuMModuleService	Init	模块初始化方式,按照这里配置的初始化函数,调用方式为 Uart_Init(&Uart_Config)
5	EcuMRbDriverInitCoreId	—	指定驱动初始化被哪个核调用
6	EcuMRbMonitoringCapable	—	指定模块不生成监控服务
7	EcuMRbSequenceID	—	生成的功能桩基于模块配置的顺序
8	EcuMModuleRef	—	模块示例的外部引用,不配置 EcuMModuleID 时有效

在"McuFunc.h"中编写如下宏定义:

#define Uart_Config Uart_ConfigRoot

6.1.7 静态代码复制

MCAL 静态代码的工程路径为"…\src\Target\TC275\MCAL\modules",头文件和源文件分别存放在"inc"和"src"文件夹下,表 6-12 列出了 UART 模块应复制的程序文件,源地址为 EB Tresos 的安装路径。

表 6-12 UART 静态代码程序文件

序号	路径	文件
1	…\src\Target\TC275\MCAL\modules\uart\inc	Uart.h、Uart_Dbg.h、Uart_Protect.h
2	…\src\Target\TC275\MCAL\modules\uart\src	Uart.c
3	…\src\Target\TC275\MCAL\modules\irq\src	AscLin_Irq.c

6.1.8 调试代码编写

UART 模块常用的 API 函数如表 6-13 所列。

表 6-13 UART 模块 API 函数

序号	函数名	输入参数	输出参数	说明
1	Uart_Init	UART 配置集指针	无	UART 模块初始化
2	Uart_Read	Channel:接收数据的 UART 通道 MemPtr:接收数据存储空间首地址 Size:准备接收的字节数	无	UART 接收
3	Uart_Write	Channel:发送数据的 UART 通道 MemPtr:发送数据存储空间首地址 Size:要发送的字节数	无	UART 发送
4	UartTransmitNotifPtr	ErrorId:错误 ID	无	UART 发送完毕通知函数
5	UartReceiveNotifPtr	ErrorId:错误 ID	无	UART 接收完毕通知函数

下面为调试代码示例，其功用是：将接收到的 25 字节数据发出。如果接收的数据少于 25 字节，只有在收全 25 字节后，才执行数据发送的操作；如果接收的数据多于 25 字节，只接收前 25 字节并发出。

```
FUNC(void,Base_SWC_CODE)RE_RunLed_func/* return value & FctID */
(
    void
)
{
  /* 1s 调用 1 次 */
  if(ledCtrlFlag == 0)                    /* 指示灯熄灭操作仅执行 1 次 */
  {
      P33_OUT.B.P9 = 1;
      ledCtrlFlag = 1;
  }

  P33_OUT.B.P8 = !P33_OUT.B.P8;
  retValue = Uart_Read(0U,(Uart_MemPtrType)uartRecv,25);
}
void UartTransmitNotifPtr(Uart_ErrorIdType ErrorId)
{
  uartSendErrorId = ErrorId;
}
void UartReceiveNotifPtr(Uart_ErrorIdType ErrorId)
{
  Uart_ReturnType retValue;
  uartRecvErrorId = ErrorId;
  if(uartRecvErrorId == UART_NO_ERR)      /* 接收无错误 */
  {
      /* 将接收的数据发出 */
      retValue = Uart_Write(0U,(Uart_MemPtrType)uartRecv,25);
      P33_OUT.B.P9 = !P33_OUT.B.P9;       /* 指示灯状态变换:调试用 */
  }
}
```

在 MCAL 代码编译前，须在 Hightec 集成开发环境中手动添加新增头文件的路径。

6.2　MCU 模块设计

MCU 主要用来配置时钟、复位、电源管理等参数。

6.2.1 通用箱配置

下面介绍 MCU 模块通用（General）箱的配置情况，图 6-14 为配置界面，表 6-14 为各项的配置参数和简要说明。

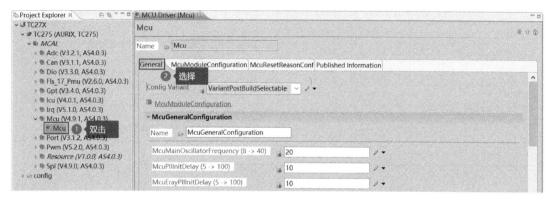

图 6-14 MCU 模块通用箱配置界面

表 6-14 MCU 模块通用箱参数配置和说明

序号	配置项	配置值	说明
1	ConfigVariant	VariantPostBuildSelectable	构建后可选择
2	McuMainOscillatorFrequency	20	外部晶振频率：20MHz
3	McuPllInitDelay	10	PLL 模块初始化延迟时间：10μs
4	McuErayPllInitDelay	10	PLL_ERAY 模块初始化延迟时间：10μs
5	McuSystemModeCpuCore	CPU_CORE_0	仅考虑由 Core0 触发的系统模式，Core1 和 Core2 不可触发
6	McuIdleModeCpuCore	INDIVIDUAL_CORES	每个核仅能将自己置为空闲模式
7	McuDevErrorDetect	FALSE	禁止开发错误检测和报告功能
8	McuInitClock	NC	MCU 模块包含时钟初始化功能
9	McuNoPll	NC	MCU 负责 PLL 的配置和运行，不可配置
10	McuPerformResetApi	TRUE	在代码中生成"MCU 执行复位"API
11	McuVersionInfoApi	FALSE	在代码中移除"读出驱动版本信息"API
12	McuFmPllEnable	FALSE	禁止 PLL 频率调制
13	McuErayPllDisable	FALSE	禁止"ERAY PLL"
14	McuPBFixedAddress	FALSE	用户必须选择想用的 MCU 配置并将其作为"MCU 初始化"的一个参数
15	McuGetRamStateApi	FALSE	在代码中移除"MCU 获取 RAM 状态"API
16	McuClearColdResetApi	FALSE	在代码中移除"MCU 清除冷启动状态"API
17	McuDeInitApi	FALSE	在代码中移除"MCU 反向初始化"API
18	McuResetSfrAtInit	FALSE	初始化时 SFR 复位禁止
19	McuRunningInUser0Mode	FALSE	相应 API 运行在用户模式 1

续表

序号	配置项	配置值	说明
20	McuUserModeInitApiEnable	FALSE	禁止所有初始化 API 对保护寄存器的访问
21	McuUserModeDeInitApiEnable	FALSE	禁止所有反向初始化 API 对保护寄存器的访问
22	McuUserModeRuntimeApiEnable	FALSE	禁止所有其他(非初始化和反向初始化)API 对保护寄存器的访问
23	McuSafetyEnable	FALSE	禁用 MCU 驱动的安全特性
24	McuInitCheckApi	NC	MCU 驱动安全特性使能时才有效
25	McuGetModeApi	NC	MCU 驱动安全特性使能时才有效
26	McuClockMonitoringEnable	NC	MCU 驱动安全特性使能时才有效

6.2.2 MCU 模块配置

下面介绍 MCU 模块配置（McuModuleConfiguration）情况，图 6-15 为其配置界面。

图 6-15 MCU 模块配置界面

（1）模块通用配置

图 6-16 为 MCU 模块通用配置界面，表 6-15 为各项的配置参数和简要说明。

图 6-16 MCU 模块通用配置界面

表 6-15　MCU 模块通用参数配置和说明

序号	配置项	配置值	说明
1	McuClockSrcFailureNotification	DISABLED	禁用时钟失败告知功能
2	McuNumberOfMcuModes	1	MCU 提供的模式数量：1（配置过程中自动计算，无法手动配置）
3	McuRamSectors	0	MCU 包含的 RAM 区块个数：0（配置过程中自动计算，无法手动配置）
4	McuStm0ResetDisable	FALSE	微处理器应用复位时不复位 STM0（系统定时器 0）
5	McuStm1ResetDisable	FALSE	微处理器应用复位时不复位 STM1（系统定时器 1）
6	McuStm2ResetDisable	FALSE	微处理器应用复位时不复位 STM2（系统定时器 2）
7	McuResetSetting	1	软件复位时的单片机行为：产生系统复位
8	SMUResetTrigger	0	SMU 触发复位时的单片机行为：不产生复位
9	ESR0ResetTrigger	0	ESR0 触发复位时的单片机行为：不产生复位
10	ESR1ResetTrigger	0	ESR1 触发复位时的单片机行为：不产生复位
11	STM0ResetTrigger	0	STM0 触发复位时的单片机行为：不产生复位
12	STM1ResetTrigger	0	STM1 触发复位时的单片机行为：不产生复位
13	STM2ResetTrigger	0	STM2 触发复位时的单片机行为：不产生复位
14	AscLin0	USE_FOR_NONE	ASCLIN0 模块的功用：不使用
15	AscLin1	USE_FOR_NONE	ASCLIN1 模块的功用：不使用
16	AscLin2	USE_FOR_NONE	ASCLIN2 模块的功用：不使用
17	AscLin3	USE_FOR_NONE	ASCLIN3 模块的功用：不使用

（2）时钟配置

图 6-17 和图 6-18 为时钟配置界面，表 6-16 为各项的配置参数和简要说明。

图 6-17　MCU 模块时钟配置界面（一）

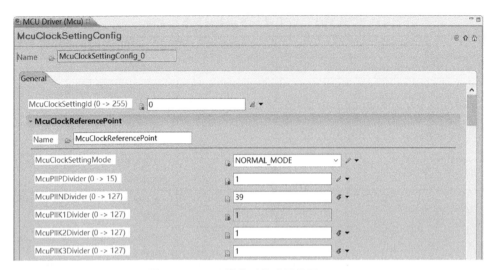

图 6-18　MCU 模块时钟配置界面（二）

表 6-16　MCU 模块时钟参数配置和说明

序号	配置项	配置值	说明
1	McuClockSettingMode	NORMAL_MODE	MCU 时钟模式：常规模式 $f_{pll}=f_{osc}/P \times N/K_2$ $f_{pll2}=f_{pll}=f_{osc}/P \times N/K_3$
2	McuPllPDivider	1	计算"f_{pll}/f_{pll2}"的 P 值：1 $P=P_{div}+1$
3	McuPllNDivider	39	计算"f_{pll}/f_{pll2}"的 N 值：39 $N=N_{div}+1$
4	McuPllK1Divider	1	计算"f_{pll}"的 K_1 值：1 正常时钟模式不用
5	McuPllK2Divider	1	计算"f_{pll}"的 K_2 值：1 $f_{pll}=20/2 \times 40/2=200 \mathrm{MHz}$
6	McuPllK3Divider	1	计算"f_{pll2}"的 K_3 值：1 $f_{pll2}=20/2 \times 40/2=200 \mathrm{MHz}$
7	McuK2DivSteps	2	计算最终目标频率的中间步骤的数量：2
8	McuK2DivRampToPllConfDelay	10	在生成 PLL 时钟的过程中，配置 K_2 分频阶段斜坡爬升/下降的延迟时间：$10\mu s$
9	McuK2DivRampToBackUpConfDelay	10	在从 PLL 时钟返回备份时钟的过程中，配置 K_2 分频阶段斜坡爬升/下降的延迟时间：$10\mu s$
10	McuFMPllModAmp	1.25	PLL 频率调制的幅度值：1.25
11	McuClockReferencePointFrequency	2.0E8	用户填入数据的计算公式为：$f_{pll}=((f_{osc} \times (\mathrm{McuNDivider}+1))/((\mathrm{McuK2Divider}+1) \times (\mathrm{McuPDivider}+1)))$，200000000Hz
12	McuClockReferencePoint2Frequency	2.0E8	用户填入数据的计算公式为：$f_{pll2}=((f_{osc} \times (\mathrm{McuNDivider}+1))/((\mathrm{McuK3Divider}+1) \times (\mathrm{McuPDivider}+1)))$，200000000Hz

续表

序号	配置项	配置值	说明
13	McuSRIDivider	1	SRI(Share Resource Interconnect,共享资源互联)时钟分频值:1 $f_{sri}=f_{source}$
14	McuClockSRIFrequency	2.0E8	SRI 时钟频率值:200000000Hz
15	McuCPU0Divider	0	CPU0 分频值,用于生成 CPU0 时钟,$f_{cpu0}=f_{sri}\times(64-McuCPU0Divider)/64$ $0:f_{cup0}=f_{sri}$
16	McuClockCPU0Frequency	2.0E8	CPU0 时钟频率值:200000000Hz
17	McuCPU1Divider	0	CPU1 分频值,用于生成 CPU1 时钟,$f_{cpu1}=f_{sri}\times(64-McuCPU1Divider)/64$ $0:f_{cup1}=f_{sri}$
18	McuClockCPU1Frequency	2.0E8	CPU1 时钟频率值:200000000Hz
19	McuCPU2Divider	0	CPU2 分频值,用于生成 CPU2 时钟,$f_{cpu2}=f_{sri}\times(64-McuCPU2Divider)/64$ $0:f_{cup2}=f_{sri}$
20	McuClockCPU2Frequency	2.0E8	CPU2 时钟频率值:200000000Hz
21	McuSPBDivider	2	SPB(System Peripheral Bus,系统外设总线)时钟分频值:2 $f_{spb}=f_{source}/2$
22	McuClockSPBFrequency	1.0E8	SPB 时钟频率值:100000000Hz
23	McuFSIDivider	2	FSI 时钟分频值:2 $f_{fsi}=f_{sri}/2$(SRIDIV=1/2) $f_{fsi}=f_{sri}$(SRIDIV=其他值)
24	McuClockFSIFrequency	1.0E8	FSI 时钟频率值:100000000Hz
25	McuFSI2Divider	2	FSI2 时钟分频值:2 $f_{fsi2}=f_{sri/2}$(SRIDIV=1/2) $f_{fsi2}=f_{sri}$(SRIDIV=其他值)
26	McuClockFSI2Frequency	1.0E8	FSI2 时钟频率值:100000000Hz
27	McuEBUDivider	NC	TC275 不支持
28	McuClockEBUFrequency	NC	TC275 不支持
29	McuMAXDivider	1	MAX 时钟分频值:1 $f_{MAX}=f_{source}$
30	McuClockMAXFrequency	2.0E8	MAX 时钟频率值:200000000Hz
31	McuGTMDivider	2	GTM(通用定时器模块)时钟分频值:2 $f_{GTM}=f_{source}/2$
32	McuClockGTMFrequency	1.0E8	GTM 时钟频率值:100000000Hz

续表

序号	配置项	配置值	说明
33	McuSTMDivider	2	STM(系统定时器)时钟分频值，$f_{stm}=f_{pll}/2$
34	McuClockSTMFrequency	1.0E8	STM 时钟频率值：100000000Hz
35	McuBBBDivider	2	BBB(Back Bone Bus)时钟分频值：2 $f_{BBB}=f_{source}/2$
36	McuClockBBBFrequency	1.0E8	BBB 时钟频率值：100000000Hz
37	McuBAUD1Divider	2	BAUD1 时钟分频值：2 $f_{Baud1}=f_{pll}/2$
38	McuClockBAUD1Frequency	1.0E8	BAUD1 时钟频率值：100000000Hz
39	McuBAUD2Divider	2	BAUD2 时钟分频值：2 $f_{Baud1}=f_{pll}/2$
40	McuClockBAUD2Frequency	1.0E8	BAUD2 时钟频率值：100000000Hz
41	McuCANDivider	2	CAN 时钟分频值：2 $f_{Can}=f_{pll}/2$
42	McuClockCANFrequency	1.0E8	CAN 时钟频率值：100000000Hz
43	McuASCLINFDivider	2	ASCLINF 时钟分频值：2 $f_{Asclinf}=f_{pll}/2$
44	McuClockASCLINFFrequency	1.0E8	ASCLINF 时钟频率值：100000000Hz
45	McuASCLINSDivider	2	ASCLINS 时钟分频值：2 $f_{Asclins}=f_{pll}/2$
46	McuClockASCLINSFrequency	1.0E8	ASCLINS 时钟频率值：100000000Hz
47	McuErayPllPDivider	0	计算"$f_{pll\_eray}/f_{pll2\_eray}$"的 P 值：0，$P=P_{div}+1$
48	McuErayPllNDivider	19	计算"$f_{pll\_eray}/f_{pll2\_eray}$"的 N 值：19，$N=N_{div}+1$
49	McuErayPllK2Divider	4	计算"f_{pll_eray}"的 K_2 值：4，$K_2=K_{2div}+1$
50	McuErayPllK3Divider	4	计算"f_{pll2_eray}"的 K_3 值：4，$K_3=K_{3div}+1$
51	McuClockErayPllFrequency	8.0E7	f_{pll_eray} 频率值：80000000Hz
52	McuClockErayPll2Frequency	8.0E7	f_{pll2_eray} 频率值：80000000Hz
53	McuErayDivider	1	ERAY(Flexray Controller)时钟分频值：1 $f_{ERAY}=f_{PLLERAY}$
54	McuClockErayFrequency	8.0E7	ERAY 时钟频率值：80000000Hz
55	McuETHDivider	1	ETH(Ethernet)时钟分频值：1 $f_{ETH}=f_{PLLERAY}/4$
56	McuETHFrequency	2.0E7	ETH 时钟频率值：20000000Hz

(3) 模式设定配置

图 6-19 和图 6-20 为 MCU 模块模式设定配置界面，表 6-17 为各项的配置参数和简要说明。

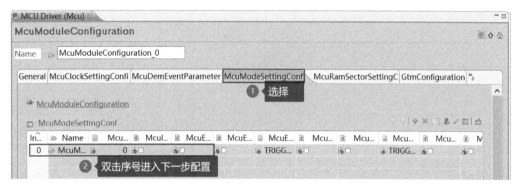

图 6-19 MCU 模块模式设定配置界面（一）

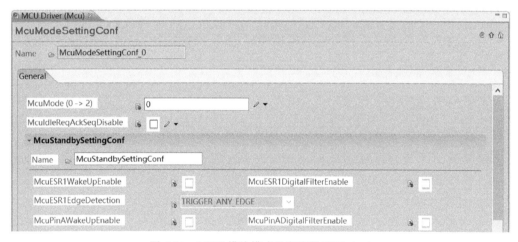

图 6-20 MCU 模块模式设定配置界面（二）

表 6-17 MCU 模块模式设定参数配置和说明

序号	配置项	配置值	说明
1	McuMode	0	用户可配置的除"运行模式"之外的工作模式 0：MCU_IDLE（空闲模式） 1：MCU_SLEEP（休眠模式） 2：MCU_STANDBY（待机模式）
2	McuIdleReqAckSeqDisable	FALSE	启用空闲请求确认序列，即在 CPU 或系统进入低功耗模式前使所有空闲外设进入休眠状态
3	McuESR1WakeUpEnable	NC	STANDBY 模式禁用时不可配置
4	McuESR1DigitalFilterEnable	NC	STANDBY 模式禁用时不可配置
5	McuESR1EdgeDetection	NC	STANDBY 模式禁用时不可配置

续表

序号	配置项	配置值	说明
6	McuPinAWakeUpEnable	NC	STANDBY 模式禁用时不可配置
7	McuPinADigitalFilterEnable	NC	STANDBY 模式禁用时不可配置
8	McuPinAEdgeDetection	NC	STANDBY 模式禁用时不可配置
9	McuPinBWakeUpEnable	NC	STANDBY 模式禁用时不可配置
10	McuPinBDigitalFilterEnable	NC	STANDBY 模式禁用时不可配置
11	McuPinBEdgeDetection	NC	STANDBY 模式禁用时不可配置
12	McuTristateEnable	NC	STANDBY 模式禁用时不可配置
13	McuESR0TristateEnable	NC	STANDBY 模式禁用时不可配置
14	McuPORSTDigitalFilterEnable	NC	STANDBY 模式禁用时不可配置
15	McuRampToBackupFreqApi	NC	STANDBY 模式禁用时不可配置
16	McuSetStandbyWakeupControlApi	NC	STANDBY 模式禁用时不可配置
17	McuStandbyRAMSupplyEnable	NC	STANDBY 模式禁用时不可配置
18	McuRARCrcCheckEnable	NC	STANDBY 模式禁用时不可配置
19	McuWakeupOnExtSupplyRampUpEnable	NC	STANDBY 模式禁用时不可配置
20	McuExtSupplyBlankingFilterDelay	NC	STANDBY 模式禁用时不可配置

（4）其他配置

无需配置的子箱有：McuDemEventParameter、McuRamSectorSettingConf、EruConfiguration、CcuConfiguration。

与其他模块共同配置的子箱有：GtmConfiguration、DmaConfiguration。

6.2.3 MCU 复位原因配置

下面介绍 MCU 复位原因（McuResetReasonConf）配置情况，图 6-21 为其配置界面，表 6-18 为各项的配置参数和简要说明。

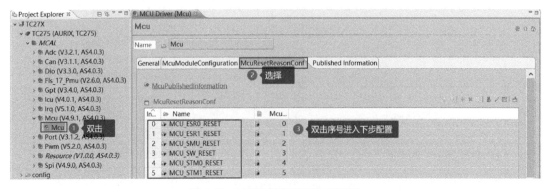

图 6-21　MCU 复位原因配置界面

表 6-18　MCU 复位原因参数配置和说明

序号	配置项	配置值	说明
1	MCU_ESR0_RESET	0	ESR0(外部系统请求 0)复位对应值；不可配置
2	MCU_ESR1_RESET	1	ESR1(外部系统请求 1)复位对应值；不可配置
3	MCU_SMU_RESET	2	SMU(安全管理单元)复位对应值；不可配置
4	MCU_SW_RESET	3	软件复位对应值；不可配置
5	MCU_STM0_RESET	4	STM0(系统定时器 0)复位对应值；不可配置
6	MCU_STM1_RESET	5	STM1(系统定时器 1)复位对应值；不可配置
7	MCU_STM2_RESET	6	STM2(系统定时器 2)复位对应值；不可配置
8	MCU_POWER_ON_RESET	7	上电复位对应值；不可配置
9	MCU_CB0_RESET	8	CB0(中央调试和工具访问控制单元 0)复位对应值；不可配置
10	MCU_CB1_RESET	9	CB1(中央调试和工具访问控制单元 1)复位对应值；不可配置
11	MCU_CB3_RESET	10	CB3(中央调试和工具访问控制单元 3)复位对应值；不可配置
12	MCU_TP_RESET	11	TP(调整保护)复位对应值；不可配置
13	MCU_EVR13_RESET	12	1.3V EVR(嵌入式电压调节器)复位对应值；不可配置
14	MCU_EVR33_RESET	13	3.3V EVR(嵌入式电压调节器)复位对应值；不可配置
15	MCU_SUPPLY_WDOG_RESET	14	SWD(电源看门狗)复位对应值；不可配置
16	MCU_STBYR_RESET	15	STBYR(备用 EVR)复位对应值；不可配置
17	MCU_RESET_MULTIPLE	254	多种复位同时发生对应值；不可配置
18	MCU_RESET_UNDEFINED	255	未定义复位对应值；不可配置

6.3　GPT 模块设计

重卡自动驾驶 VCU 项目中，GPT 模块为嵌入式操作系统提供时钟，即为 OS 生成 1ms 的时标。

GPT 模块配置分 3 个步骤进行：首先在"GTM"箱中配置 ATOM0 的第 0 通道；其次在"Irq"箱中配置 ATOM0 第 0 通道的中断类型和中断优先级；最后在"GPT"箱中配置与 GPT 相关的参数。

6.3.1　通用定时器模块配置

按照图 6-22 和表 6-19 配置 ATOM0 的通道 0。

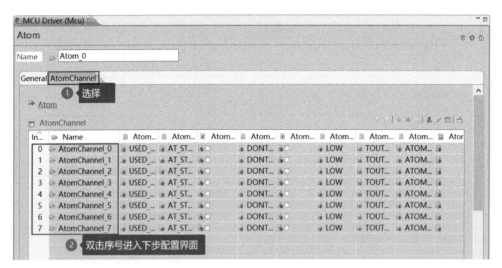

图 6-22　ATOM0 通道 0 配置界面

表 6-19　ATOM0 通道 0 参数配置

序号	配置项	配置值	说明
1	AtomChannelUsage	USED_BY_OTHER_DRIVERS_OR_UNUSED	通道用作 GPT 或 PWM
2	AtomChannelEnable	NC	通道用作复杂驱动时生效
3	AtomChDisableOnAgcTrigger	NC	通道用作复杂驱动时生效
4	AtomChannelOutputControl	NC	通道用作复杂驱动时生效
5	AtomChOutputDisableOnAgcTrig	NC	通道用作复杂驱动时生效
6	AtomChannelOutputSignalLevel	NC	通道用作复杂驱动时生效
7	AtomChannelPortPinSelect	TOUT9_SELC_PORT0_PIN0	ATOM 通道的输出端口和引脚；P00.0
8	AtomChannelModeSelect	NC	通道用作复杂驱动时生效
9	AtomChannelCounterValCn0	NC	通道用作复杂驱动时生效
10	AtomChannelCompareValueCm0	NC	通道用作复杂驱动时生效
11	AtomChannelCompareValueCm1	NC	通道用作复杂驱动时生效
12	AtomChShadowCompareValSr0	NC	通道用作复杂驱动时生效
13	AtomChShadowCompareValSr1	NC	通道用作复杂驱动时生效
14	AtomChUpdateEnableOnCn0Reset	NC	通道用作复杂驱动时生效
15	AtomChEnableForceUpdate	NC	通道用作复杂驱动时生效
16	AtomChResetCn0OnForceUpdate	NC	通道用作复杂驱动时生效
17	AtomChannelClockSelect	GTM_CONFIGURABLE_CLOCK_0	ATOM 通道的时钟源；选择可配置时钟 0
18	AtomChannelCounterCn0Reset	NC	通道用作复杂驱动时生效
19	AtomChannelTriggerOutput	NC	通道用作复杂驱动时生效
20	AtomChSomcTimebaseForComparison	NC	通道用作复杂驱动时生效

续表

序号	配置项	配置值	说明
21	AtomChSomcCompareStrategy	NC	通道用作复杂驱动时生效
22	AtomModeControlBits	NC	通道用作复杂驱动时生效
23	AtomChannelOneShotMode	NC	通道用作复杂驱动时生效
24	AtomServeLastAruCommStrategy	NC	通道用作复杂驱动时生效
25	AtomChannelAruEnable	NC	通道用作复杂驱动时生效
26	AtomChannelCpuWriteRequest	NC	通道用作复杂驱动时生效
27	AtomChAruBlockingMode	NC	通道用作复杂驱动时生效
28	AtomChAruReadAddress0	NC	通道用作复杂驱动时生效
29	AtomChAruReadAddress1	NC	通道用作复杂驱动时生效
30	AtomGlobalCcuSel	NC	通道用作复杂驱动时生效
31	AtomIntEnableOnCcu0Trigger	NC	通道用作复杂驱动时生效
32	AtomIntEnableOnCcu1Trigger	NC	通道用作复杂驱动时生效
33	AtomInterruptMode	NC	ATOM 中断模式
34	AtomNotification	NULL_PTR	通道用作复杂驱动时生效
35	AtomCcu0Notification	NULL_PTR	通道用作复杂驱动时生效
36	AtomCcu1Notification	NULL_PTR	通道用作复杂驱动时生效

6.3.2 中断配置

由于定时器溢出处理要在中断服务子程序中进行，故需要参照图 6-23 对 ATOM0 第 0 通道的中断类型和优先级进行配置。

图 6-23 GTM 中断配置界面

GTM 中断参数配置项如表 6-20 所列,其余使用缺省值。

表 6-20 GTM 中断参数配置

序号	配置项	配置值	说明
1	IrqGtmATOM0SR0Cat	CAT23	选择二类中断:由操作系统接管
2	IrqGtmATOM0SR0Prio	—	中断优先级在 OS 中配置
3	IrqGtmATOM0SR0Tos	CPU0	处理源为 CPU0

6.3.3 通用定时器配置

(1) 通用箱配置

下面介绍 GPT 模块通用(General)箱的配置情况,图 6-24 为配置界面,表 6-21 为各项的配置参数和简要说明。

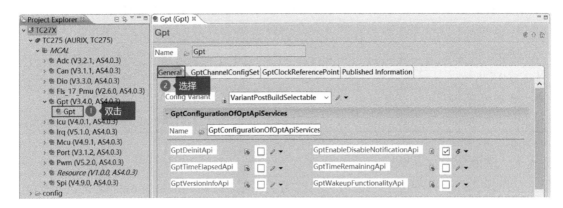

图 6-24 GPT 模块通用箱配置界面

表 6-21 GPT 模块通用箱参数配置和说明

序号	配置项	配置值	说明
1	Config Variant	VariantPostBuildSelectable	构建后可选择
2	GptDeinitApi	FALSE	在代码中移除"GPT 反向初始化"服务
3	GptEnableDisableNotificationApi	TRUE	在代码中添加"GPT 使能通知"和"GPT 禁用通知"服务
4	GptTimeElapsedApi	FALSE	在代码中移除"GPT 获取已过时间"服务
5	GptTimeRemainingApi	FALSE	在代码中移除"GPT 获取剩余时间"服务
6	GptVersionInfoApi	FALSE	在代码中移除"GPT 获取版本信息"服务
7	GptWakeupFunctionalityApi	FALSE	在代码中移除与唤醒功能相关的 API
8	GptDevErrorDetect	FALSE	禁用开发错误检测功能
9	GptDebugSupport	FALSE	禁用模块的调试支持功能
10	GptPBFixedAddress	FALSE	禁用 GPT 固定地址功能

续表

序号	配置项	配置值	说明
11	GptReportWakeupSource	NC	GPT 唤醒功能使能时生效
12	GptRunningInUser0Mode	FALSE	相应 API 运行在用户模式 1
13	GptUserModeDeInitApiEnable	FALSE	禁止 GPT 反向初始化 API 调用
14	GptUserModeInitApiEnable	FALSE	禁止 GPT 初始化 API 调用
15	GptUserModeRuntimeApiEnable	FALSE	禁止 GPT 所有非初始化（除初始化和反向初始化函数之外）API 调用
16	GptSafetyEnable	FALSE	禁用 GPT 驱动的安全功能
17	GptInitCheckApi	NC	GPT 安全功能使能时生效
18	GptGetModeApi	NC	GPT 安全功能使能时生效

（2）GPT 通道配置集

下面介绍 GPT 通道配置集（GptChannelConfigSet）配置情况，图 6-25～图 6-27 为其配置界面，表 6-22 为各项的配置参数和简要说明。

图 6-25 GPT 通道配置集配置启动

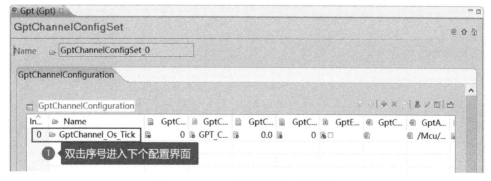

图 6-26 GPT 通道配置集进入界面

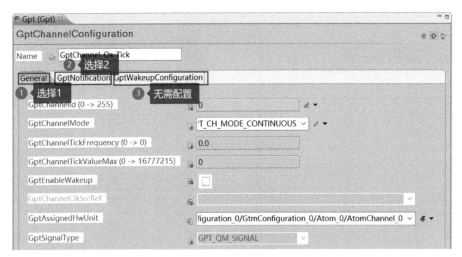

图 6-27 GPT 通道配置集界面

表 6-22 GPT 通道配置集参数配置和说明

序号	配置项	配置值	说明
1	Name	GptChannel_Os_Tick	GPT 通道名称
2	GptChannelId	0	GPT 通道 ID 号
3	GptChannelMode	GPT_CH_MODE_CONTINUOUS	定时器通道超时后的行为；超时后重启
4	GptChannelTickFrequency	NC	时钟在 GTM 处理不支持
5	GptChannelTickValueMax	NC	时钟在 GTM 处理不支持
6	GptEnableWakeup	NC	GPT 唤醒功能启用时生效
7	GptChannelClkSrcRef	NC	时钟在 GTM 处理不支持
8	GptAssignedHwUnit	/Mcu/Mcu/McuModuleConfiguration_0/GtmConfiguration_0/Atom_0/AtomChannel_0	分配给当前 GPT 通道的 TOM 或 ATOM 通道源：ATOM_0
9	GptSignalType	NC	GPT 安全功能使能时生效
10	GptNotification	Gpt_Cbk_OsTick	GPT 中断服务子函数

6.4 Port 模块设计

Port 模块对各端口（Port）及其引脚（Pin）的功能进行配置，是绝大多数 MCAL 模块设计的基础，这里仅对 DIO 引脚的配置方法进行举例说明，其余模块的 Port 配置分散在各节中介绍。

表 6-23 列出了重卡自动驾驶 VCU 部分 DIO 引脚的设计需求，表 6-24 和表 6-25 分别为 DI 和 DO 端口的参数配置示例。

表 6-23 DIO 端口配置需求

名称	MCU-PIN	软件识别号	板级功能	配置需求
P40.4	38	MCU_KL15	KL15 信号输入,1 表示有效	数字无上下拉输入
P10.3	171	PORT_10_PIN_3	控制调试指示灯的亮灭,1 表示灭,0 表示亮	数字推挽输出,缺省值为 1

表 6-24 DI 端口参数配置示例

序号	配置项	配置值	说明
1	PortPinId	644	每个引脚唯一的 ID 号,不可配置
2	PortPinSymbolicName	MCU_KL15	用户为 P40.4 引脚定义的名字
3	PortPinDirection	PORT_PIN_IN	引脚用作输入
4	PortPinDirectionChangeable	NC	因未使能相应 API 函数,不可配置
5	PortPinInputCharacteristic	PORT_PIN_IN_NO_PULL	无上下拉输入
6	PortPinInputHysteresis	NC	引脚不支持
7	PortPinOutputCharacteristic	NC	输入引脚不可配置
8	PortPinLevelValue	PORT_PIN_LEVEL_LOW	引脚缺省值为 0
9	PortPinInitialMode	NC	只读引脚不支持
10	PortPinModeChangeable	NC	因未使能相应 API 函数,不可配置
11	PortPinDriverStrength	NC	输入引脚不可配置
12	PortPinPadLevel	NC	引脚不支持
13	PortPinAnalogInput	DISABLE	不用作模拟量输入
14	PortPinControllerSelect	NC	非特定引脚不可配置

表 6-25 DO 端口参数配置示例

序号	配置项	配置值	说明
1	PortPinId	163	每个引脚唯一的 ID 号,不可配置
2	PortPinSymbolicName	PORT_10_PIN_3	用户为 P10.3 引脚定义的名字
3	PortPinDirection	PORT_PIN_OUT	引脚用作输出
4	PortPinDirectionChangeable	NC	因未使能相应 API 函数,不可配置
5	PortPinInputCharacteristic	NC	输出引脚不可配置
6	PortPinInputHysteresis	NC	输出引脚不可配置
7	PortPinOutputCharacteristic	PORT_PIN_OUT_PUSHPULL	推挽输出
8	PortPinLevelValue	PORT_PIN_LEVEL_LOW	引脚缺省值为 0
9	PortPinInitialMode	PORT_PIN_MODE_GPIO	用作通用输入输出引脚
10	PortPinModeChangeable	NC	因未使能相应 API 函数,不可配置
11	PortPinDriverStrength	PORT_CMOS_SPEED_GRADE1	驱动强度;CMOS 速度等级 1
12	PortPinPadLevel	PORT_PDR_CMOS_AUTOMOTIVE_LEVEL	引脚电平级别;车辆电平
13	PortPinAnalogInput	NC	非特定引脚不可配置
14	PortPinControllerSelect	NC	非特定引脚不可配置

6.5 ADC 模块设计

ADC 模块对各模数转换通道进行配置，这里讲述重卡自动驾驶 VCU 部分通道的配置过程。

TC275 单片机的 ADC 共有 8 组，简称 G0～G7，每组包含若干个 ADC 通道，如表 6-26 所列。

表 6-26 TC275 单片机所含 ADC 通道

组号	组名	所含模数转换通道数
1	G0	包含 8 个通道：AN0、AN1、AN2、AN3、AN4、AN5、AN6、AN7
2	G1	包含 5 个通道：AN8、AN10、AN11、AN12、AN13
3	G2	包含 6 个通道：AN16、AN17、AN18、AN19、AN20、AN21
4	G3	包含 6 个通道：AN24、AN25、AN26、AN27、AN28、AN29
5	G4	包含 7 个通道：AN32、AN33、AN35、AN36、AN37、AN38、AN39
6	G5	包含 4 个通道：AN44、AN45、AN46、AN47
7	G6	包含 6 个通道：P00.12、P00.11、P00.10、P00.9、P00.8、P00.7
8	G7	包含 6 个通道：P00.6、P00.5、P00.4、P00.3、P00.2、P00.1

表 6-27 列出重卡自动驾驶 VCU 项目 G0 的设计需求，下面以此为例介绍 ADC 模块的配置过程。

表 6-27 G0 配置需求

名称	MCU-PIN	软件识别号	板级功能	配置需求
AN0	67	AdcChannel_0	预留	转换精度为 12 位
AN1	66	AdcChannel_1	预留	转换精度为 12 位
AN2	65	AdcChannel_2	预留	转换精度为 12 位
AN3	64	VS5MO_MCU	预留	转换精度为 12 位
AN4	63	VS1MO_MCU	预留	转换精度为 12 位
AN5	62	VS3MO_MCU	加速踏板 2 电源电压检测，正确值为 2.5V	转换精度为 12 位
AN6	61	VS2MO_MCU	加速踏板 1 电源电压检测，正确值为 2.5V	转换精度为 12 位
AN7	60	VS4MO_MCU	预留	转换精度为 12 位

6.5.1 通用箱配置

下面介绍 ADC 模块通用（General）箱的配置情况，图 6-28 为配置界面，表 6-28 为各项的配置参数和简要说明。

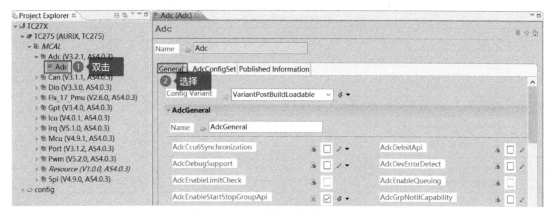

图 6-28 ADC 模块通用箱配置界面

表 6-28 ADC 模块通用箱参数配置和说明

序号	配置项	配置值	说明
1	Config Variant	VariantPostBuildLoadable	构建后可加载
2	AdcCcu6Synchronization	FALSE	禁止"CCU6x T13"为全部 VADC 生成 20MHz 同步信号
3	AdcDeInitApi	FALSE	在驱动中禁用"ADC 反向初始化"函数
4	AdcDebugSupport	FALSE	不为 ADC 模块提供调试支持
5	AdcDevErrorDetect	FALSE	禁用"ADC 开发错误检测和通知"
6	AdcEnableLimitCheck	NC	"ADC 非 AUTOSAR 结果轮询"使能时无效
7	AdcEnableQueuing	NC	"ADC 非 AUTOSAR 结果轮询"使能时无效
8	AdcEnableStartStopGroupApi	TRUE	"ADC 启动组转换"和"ADC 停止组转换"函数在代码中可用
9	AdcGrpNotifCapability	FALSE	软件运行时不提供"组通知机制"
10	AdcHwTriggerApi	FALSE	"ADC 使能硬件触发"和"ADC 禁用硬件触发"函数在代码中不可用
11	AdcMasterSlaveSync	FALSE	禁止 ADC 转换同步(平行采集)功能
12	AdcMaxChConvTimeCount	10000	在所有已配置的 ADC 通道中,单一通道最长的转换时间,单位是 ADC 模块时钟个数
13	AdcNonAutosarDmaResultHandling	FALSE	ADC 结果采用 AUTOSAR 方式处理
14	AdcNonAutosarResultPolling	TRUE	"ADC 获取组转换结果"和"ADC 获取通道状态"函数在代码中可用
15	AdcPBFixedAddress	FALSE	"配置参数集"不存放在固定地址
16	AdcPriorityImplementation	NC	"ADC 非 AUTOSAR 结果轮询"使能时无效

续表

序号	配置项	配置值	说明
17	AdcReadGroupApi	NC	"ADC 非 AUTOSAR 结果轮询"使能时无效
18	AdcResetSfrAtInit	FALSE	禁止在"ADC 初始化"API 中复位,相关 SFR 为缺省值
19	AdcResultAccumulation	ADC_RES_ACCUMULATION_NONE	ADC 结果不累计
20	AdcResultAlignment	ADC_ALIGN_RIGHT	ADC 结果的调整方式为右对齐
21	AdcRunningInUser0Mode	FALSE	相应 API 运行在用户模式 1
22	AdcSameChannelQueuing	NC	"顺序请求源"不能重复处理同一个 ADC 通道
23	AdcUseEmux	FALSE	禁用外部多路复用器配置
24	AdcUserModeDeInitApiEnable	FALSE	禁止 ADC 反向初始化 API 调用
25	AdcUserModeInitApiEnable	FALSE	禁止 ADC 初始化 API 调用
26	AdcUserModeRuntimeApiEnable	FALSE	禁止 ADC 所有非初始化(除初始化和反向初始化函数之外)API 调用
27	AdcVersionInfoApi	FALSE	"ADC 获取版本信息"函数在代码中不可用
28	AdcSafetyEnable	FALSE	禁用 ADC 安全功能
29	AdcInitCheckApi	NC	ADC 安全功能使能时生效
30	AdcChannelValueSigned	FALSE	ADC 结果为无符号数,不可配置
31	AdcGroupFirstChannelFixed	FALSE	ADC 组的第 1 个通道可配置
32	AdcMaxChannelResolution	12	ADC 最大分辨率,不可配置

6.5.2 ADC 集配置

下面介绍 ADC 集（AdcConfigSet）配置情况，图 6-29 为其配置界面。

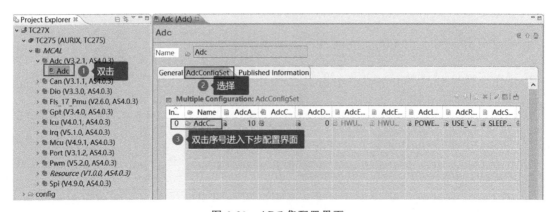

图 6-29　ADC 集配置界面

(1) 通用配置

图 6-30 为 ADC 集通用（General）配置界面，表 6-29 为各项的配置参数和简要说明。

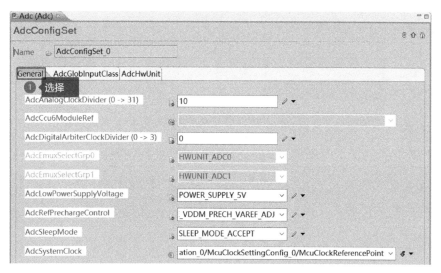

图 6-30 ADC 集通用配置界面

表 6-29 ADC 集通用参数配置和说明

序号	配置项	配置值	说明
1	AdcAnalogClockDivider	10	ADC 模拟时钟分频器 $f_{ADCI} = f_{ADC}/(10+1) = 9.091 MHz$
2	AdcCcu6ModuleRef	NC	CCU6x 模块（T13）用于生成所有 ADC 通道同步信号时生效
3	AdcDigitalArbiterClockDivider	0	ADC 数字仲裁时钟分频器 $f_{ADCD} = f_{ADC}/(0+1) = 100 MHz$
4	AdcEmuxSelectGrp0	NC	使用 EMUX 时生效
5	AdcEmuxSelectGrp1	NC	使用 EMUX 时生效
6	AdcLowPowerSupplyVoltage	POWER_SUPPLY_5V	低功率模式下的供给电压:5V
7	AdcRefPrechargeControl	USE_VDDM_PRECH_VAREF_ADJ	在一次 ADC 转换中,使用 VDDM 进行预充电,VAREF 用作最终校准
8	AdcSleepMode	SLEEP_MODE_ACCEPT	ADC 模块接收 MCU 驱动的"进入休眠模式"请求
9	AdcSystemClock	/Mcu/Mcu/McuModuleConfiguration_0/McuClockSettingConfig_0/McuClockReferencePoint	ADC 系统时钟

(2) ADC 全局输入类配置

图 6-31 为 ADC 全局输入类（AdcGlobInputClass）配置界面，表 6-30 和表 6-31 为各项的配置参数和简要说明。

图 6-31 ADC 全局输入类配置界面

表 6-30 ADC 全局输入类 0 参数配置和说明

序号	配置项	配置值	说明
1	AdcGlobChSampleTime	0	全局组 0 标准采样转换时间 Sample Time = (2 + AdcGlobChSampleTime)/f_{ADCI}
2	AdcGlobChResolution	CH_RES_12BIT	全局组 0 采样分辨率:12 位
3	AdcGlobEmuxChSampleTime	NC	使用 EMUX 时生效

表 6-31 ADC 全局输入类 1 参数配置和说明

序号	配置项	配置值	说明
1	AdcGlobChSampleTime	1	全局组 1 标准采样转换时间 Sample Time = (2 + AdcGlobChSampleTime)/f_{ADCI}
2	AdcGlobChResolution	CH_RES_12BIT	全局组 1 采样分辨率:12 位
3	AdcGlobEmuxChSampleTime	NC	使用 EMUX 时生效

(3) ADC 硬件单元配置概述

图 6-32 为 ADC 硬件单元（AdcHwUnit）配置进入界面；图 6-33～图 6-38 分别为任一硬件单元的通用（General）、ADC 通道（AdcChannel）、ADC 组（AdcGroup）和 ADC 专用输入类（AdcKernelInputClass）的配置界面；ADC 时钟源（AdcClockSource）和 ADC 预分频（AdcPrescale）无需配置。

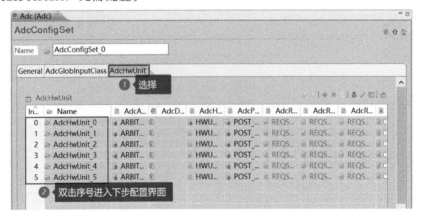

图 6-32 ADC 硬件单元配置进入界面

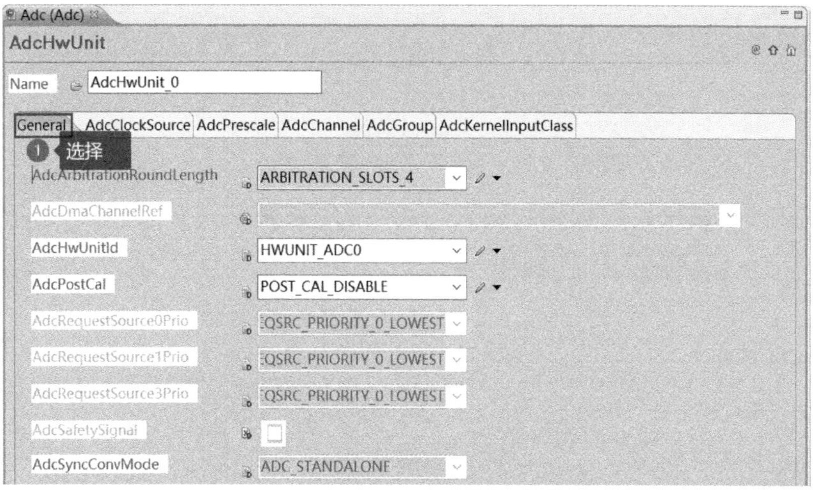

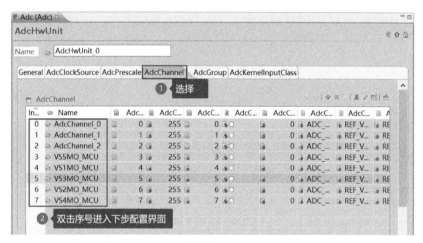

图 6-33 ADC 硬件单元通用配置界面

图 6-34 ADC 硬件单元通道配置进入界面

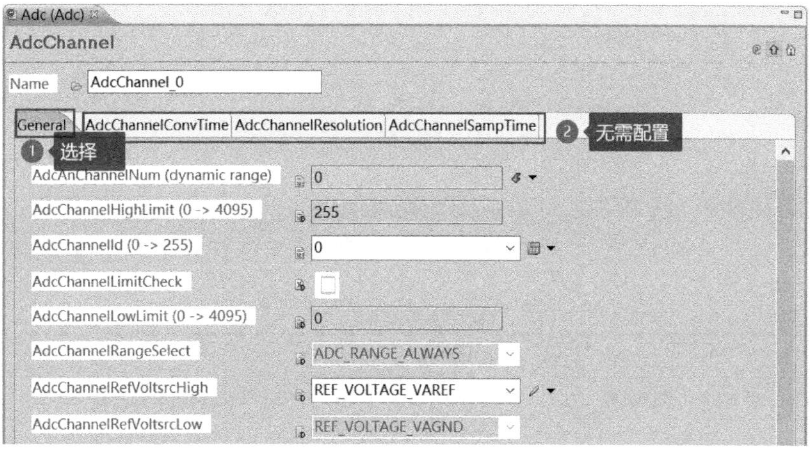

图 6-35 ADC 硬件单元通道配置界面

图 6-36　ADC 硬件单元组配置进入界面

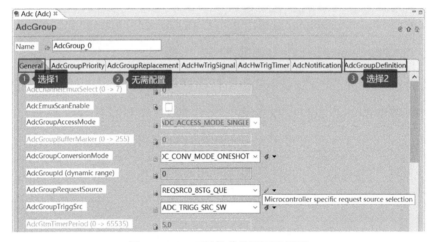

图 6-37　ADC 硬件单元组配置界面

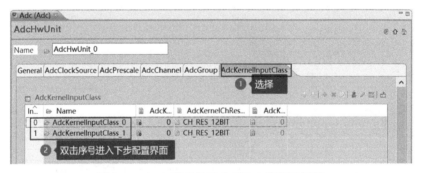

图 6-38　ADC 硬件单元专用输入类配置界面

（4）ADC 硬件单元 0 配置

① 通用配置。表 6-32 为 ADC 硬件单元 0 通用栏各项的配置参数和简要说明。

表 6-32　ADC 硬件单元 0 通用栏参数配置和说明

序号	配置项	配置值	说明
1	AdcArbitrationRoundLength	ARBITRATION_SLOTS_4	每个仲裁轮由 4 个仲裁槽组成
2	AdcDmaChannelRef	NC	ADC 非 AUTOSAR DMA 结果处理模式下生效
3	AdcHwUnitId	HWUNIT_ADC0	ADC 硬件单元的数字 ID

续表

序号	配置项	配置值	说明
4	AdcPostCal	POST_CAL_DISABLE	禁用 ADC"后校准(post-calibration)"功能
5	AdcRequestSource0Prio	NC	无请求优先级机制
6	AdcRequestSource1Prio	NC	无请求优先级机制
7	AdcRequestSource3Prio	NC	无请求优先级机制
8	AdcSafetySignal	NC	ADC 安全功能使能时生效
9	AdcSyncConvMode	NC	ADC 同步转换使能时生效

② ADC 通道配置。下面以第 5 通道为例,对硬件单元 0 各通道的配置参数做简要说明,如表 6-33 所列。

表 6-33 ADC 硬件单元 0 通道 5 参数配置

序号	配置项	配置值	说明
1	Name	VS3M0_MCU	ADC 通道名称
2	AdcAnChannelNum	5	模拟输入通道号
3	AdcChannelHighLimit	NC	ADC 边界检查使能时生效
4	AdcChannelId	5	ADC 通道的数字 ID
5	AdcChannelLimitCheck	NC	ADC 边界检查使能时生效
6	AdcChannelLowLimit	NC	ADC 边界检查使能时生效
7	AdcChannelRangeSelect	NC	ADC 边界检查使能时生效
8	AdcChannelRefVoltsrcHigh	REF_VOLTAGE_VAREF	选择参考电压 VREF 作为 ADC 参考电压源;不可配置
9	AdcChannelRefVoltsrcLow	REF_VOLTAGE_VAGND	选择参考电压负极;不可配置
10	AdcInputClassSelection	/Adc/Adc/AdcConfigSet_0/AdcGlobInputClass_0	输入组选择:通用组 0
11	AdcSyncChannel	NC	ADC 转换同步使能时生效

③ ADC 组配置。表 6-34 和表 6-35 为 ADC 硬件单元 0 的组配置参数和配置定义。

表 6-34 ADC 硬件单元 0 组配置参数

序号	配置项	配置值	说明
1	AdcChannelEmuxSelect	NC	外部多路复用器使能时生效
2	AdcEmuxScanEnable	NC	外部多路复用器使能时生效
3	AdcGroupAccessMode	NC	ADC 非 AUTOSAR 结果轮询模式无效
4	AdcGroupBufferMarker	NC	ADC 安全功能使能时生效
5	AdcGroupConversionMode	ADC_CONV_MODE_ONESHOT	ADC 组转换模式;每触发一次转换一次
6	AdcGroupId	NC	由配置工具生成,不可配置
7	AdcGroupRequestSource	REQSRC0_8STG_QUE	ADC 组请求源选择:组顺序请求源

续表

序号	配置项	配置值	说明
8	AdcGroupTriggSrc	ADC_TRIGG_SRC_SW	启动一组 ADC 的源事件类型；软件触发
9	AdcGtmTimerPeriod	NC	ADC 由硬件触发时生效
10	AdcHwExtTrigSelect	NC	ADC 由硬件触发时生效
11	AdcHwGatePin	NC	ADC 由硬件触发时生效
12	AdcHwGateSignal	NC	ADC 由硬件触发时生效
13	AdcHwTrigType	NC	ADC 由硬件触发时生效
14	AdcRS3InternalTrigger	NC	TC275 无效
15	AdcRS3TriggerSeqCount	NC	TC275 无效
16	AdcStreamingBufferMode	NC	ADC 非 AUTOSAR 结果轮询模式无效
17	AdcStreamingNumSamples	NC	ADC 非 AUTOSAR 结果轮询模式无效
18	AdcEruGateRef	NC	ADC 由硬件触发时生效
19	AdcEruTriggRef	NC	ADC 由硬件触发时生效
20	AdcGtmTriggerRef	NC	ADC 由硬件触发时生效

表 6-35　ADC 硬件单元 0 组配置定义

序号	索引	ADC 组定义
1	0	/Adc/Adc/AdcConfigSet_0/AdcHwUnit_0/AdcChannel_0
2	1	/Adc/Adc/AdcConfigSet_0/AdcHwUnit_0/AdcChannel_1
3	2	/Adc/Adc/AdcConfigSet_0/AdcHwUnit_0/AdcChannel_2
4	3	/Adc/Adc/AdcConfigSet_0/AdcHwUnit_0/VS5MO_MCU
5	4	/Adc/Adc/AdcConfigSet_0/AdcHwUnit_0/VS1MO_MCU
6	5	/Adc/Adc/AdcConfigSet_0/AdcHwUnit_0/VS3MO_MCU
7	6	/Adc/Adc/AdcConfigSet_0/AdcHwUnit_0/VS2MO_MCU
8	7	/Adc/Adc/AdcConfigSet_0/AdcHwUnit_0/VS4MO_MCU

④ ADC 专用输入类配置。表 6-36 和表 6-37 为 ADC 硬件单元 0 专用输入类的配置参数和简要说明。

表 6-36　ADC 硬件单元 0 专用输入类 0 参数配置和说明

序号	配置项	配置值	说明
1	AdcKernelChSampleTime	0	专用组 0 标准采样转换时间 Sample Time $=$ $(2+\text{AdcKernelChSampleTime})/f_{\text{ADCI}}$
2	AdcKernelChResolution	CH_RES_12BIT	专用组 0 采样分辨率：12 位
3	AdcKernelEmuxChSampleTime	NC	使用 EMUX 时生效

表 6-37 ADC 硬件单元 0 专用输入类 1 参数配置和说明

序号	配置项	配置值	说明
1	AdcKernelChSampleTime	0	同表 6-36
2	AdcKernelChResolution	CH_RES_12BIT	
3	AdcKernelEmuxChSampleTime	NC	

6.6 SPI 模块设计

TC275 单片机共用 4 路 SPI 通道,分别为 SPI0、SPI1、SPI2 和 SPI3。重卡自动驾驶 VCU 的设计需求如表 6-38 所列。

表 6-38 SPI 相关引脚配置需求

名称	MCU-PIN	软件识别号	板级功能	配置需求
P23.5	94	SPI_CS_CAN	TJA1145 QSPI3 SLSO34	QSPI3 输出,O3
P22.0	95	SPI_MOSI_CAN	TJA1145 QSPI3 MTSR3	QSPI3 输出,O3
P22.1	96	SPI_MISO_CAN	TJA1145 QSPI3 MRST3E	QSPI3 输入
P22.3	98	SPI_SCLK_CAN	TJA1145 QSPI3 SCLK3	QSPI3 输出,O3
P20.9	127	SPI_CS_TLE8110	TLE8110 QSPI0 SLSO01	QSPI0 输出,O3
P20.10	128	SPI_CS_TLE7230	TLE7230 QSPI0 SLSO06	QSPI0 输出,O3
P20.11	129	SPI_SCLK_L9945	L9945/TLE8110/TLE7230 QSPI0 SCLK0	QSPI0 输出,O3
P20.12	130	SPI_MISO_L9945	L9945/TLE8110/TLE7230 QSPI0 MRST0A	QSPI0 输入
P20.13	131	SPI_CS_L9945	L9945 QSPI0 SLSO02	QSPI0 输出,O3
P20.14	132	SPI_MOSI_L9945	L9945/TLE8110/TLE7230 QSPI0 MTSR0	QSPI0 输出,O3
P10.1	169	SPI_MISO_SBC	FS8510 QSPI1 MRST1A	QSPI1 输入
P10.2	170	SPI_SCLK_SBC	FS8510 QSPI1 SCLK1	QSPI1 输出,O3
P10.4	172	SPI_MOSI_SBC	FS8510 QSPI1 MTSR1	QSPI1 输出,O4
P10.5	173	SPI_CS_SBC	FS8510 QSPI1 SLSO19	QSPI1 输出,O4

由表 6-38 可以看出,VCU 产品需要配置 3 路 SPI,下面以低边驱动芯片 TLE7230 为例讲述该模块的设计过程。

TLE7230 复杂驱动设计中,SPI 主要用于寄存器读写操作,每次既可以读写一个寄存器,也可以读写一组寄存器。

AUTOSAR 提供了三种 SPI 的抽象,分别为通道(Channel)、作业(Job)和序列(Sequence),下面列出三者的区别。

通道:指 1 次 SPI 数据交互,例如,读写单个寄存器的操作就需要定义 1 个"Channel"。

作业:指 1 组 SPI 通道的合集,例如,可以将连续读写多个寄存器的操作定义为 1 个

"Job",在此过程中 CS 信号保持在低电平。

序列：由 1 个或多个"作业"组成，每 2 个作业之间 CS 信号存在 1 次"从 0 到 1，再从 1 到 0"的变换。

SPI 设计涉及 Port、Irq、DMA、SPI 等 MCAL 模块，下面分别进行说明。

6.6.1 端口配置

每个 SPI 通道由 CS、SCLK、MOSI 和 MISO 四线组成，表 6-39 列出了这些引脚的配置方法。其中，ALTx 表示端口输出选择，具体参照 TC275 的芯片手册。

表 6-39　SPI 引脚端口配置方法

序号	引脚	配置要求
1	CS	数字推挽输出、ALT3 或 ALT4，缺省值为 1
2	SCLK	数字推挽输出、ALT3，缺省值为 0
3	MOSI	数字推挽输出、ALT3 或 ALT4，缺省值为 0
4	MISO	数字无上下拉输入

6.6.2 中断配置

表 6-40 列出了 SPI0 通道的中断配置需求。

表 6-40　SPI0 通道中断配置需求

序号	中断名称	中断类别	中断优先级	中断处理源
1	IrqQspi0Tx	一类中断	52	DMA
2	IrqQspi0Rx	一类中断	48	DMA
3	IrqQspi0Err	二类中断	43①	CPU0
4	IrqQspi0PT	二类中断	47①	CPU0
5	IrqQspi0UD	二类中断	38①	CPU0

① 优先级在 RTA-OS 中配置，MCAL 中均配置为 0（工具要求二类中断的优先级应整体小于一类中断的优先级）。

6.6.3 DMA 配置

表 6-41 为 SPI 模块 DMA 方式的配置参数。

表 6-41　SPI 模块 DMA 配置参数

序号	DMA 通道名	用途
1	DmaChannel_48	USE_FOR_SPI_DRIVER
2	DmaChannel_52	USE_FOR_SPI_DRIVER

6.6.4 SPI 配置

（1）通用箱配置

下面介绍 SPI 模块通用（General）箱的配置情况，图 6-39 为配置界面。

① 通用和安全参数配置。表 6-42 为 SPI 通用（SpiGeneral）和 SPI 安全（SpiSafety）各项的配置参数和简要说明。

6 AUTOSAR MCAL 设计

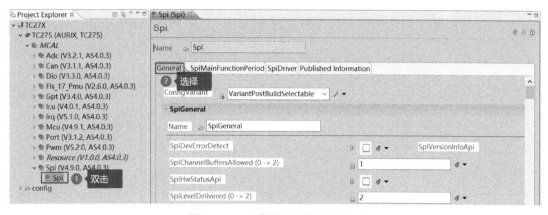

图 6-39 SPI 模块通用箱配置界面

表 6-42 SPI 通用和安全参数配置

序号	配置项	配置值	说明
1	ConfigVariant	VariantPostBuildSelectable	构建后可选择
2	SpiDevErrorDetect	FALSE	禁止设备错误检测功能
3	SpiVersionInfoApi	TRUE	版本信息 API 使能
4	SpiChannelBuffersAllowed	1	句柄和驱动仅选择外部缓冲区,DMA 方式只用外部缓冲区即可
5	SpiHwStatusApi	FALSE	在代码中移除"SPI 获取硬件单元状态"API
6	SpiLevelDelivered	2	选择增强型 SPI 功能:处理同步和异步发送
7	SpiSupportConcurrentSyncTransmit	FALSE	禁止在多路总线上同时同步发送
8	SpiInterruptibleSeqAllowed	TRUE	允许可中断的序列
9	SpiCancelApi	FALSE	在代码中移除"SPI 取消"函数
10	SpiMaxJobTriggerQueueLength	255	作业(Job)和序列(Sequence)队列的最大长度:255
11	SpiPBFixedAddress	FALSE	禁用固定地址功能
12	SpiDebugSupport	FALSE	禁用调试功能
13	SpiAsyncParallelTransmit	TRUE	使能 SPI 并行异步传输
14	SpiBaudrateConfigAtRuntime	FALSE	程序运行时禁止改变 SPI 通信波特率
15	SpiResetSfrAtInit	FALSE	禁止在"SPI 初始化"API 中将 SPI 使用的 SFR 更改为复位值
16	SpiSyncTransmitTimeoutDuration	0xfffff	用于等待 1 个数据收发的超时循环计数器
17	SpiSlaveSelectRef	NC	SPI 安全特性使能时生效
18	SpiSlaveFlipTransferStart	NC	SPI 安全特性使能时生效
19	SpiSafetyMasterRef	NC	SPI 安全特性使能时生效
20	SpiRunningInUser0Mode	FALSE	相应 API 运行在用户模式 1

续表

序号	配置项	配置值	说明
21	SpiUserModeInitApiEnable	FALSE	禁止所有初始化 API 对保护寄存器的访问
22	SpiUserModeDeInitApiEnable	FALSE	禁止所有反向初始化 API 对保护寄存器的访问
23	SpiUserModeRuntimeApiEnable	FALSE	禁止所有其他（非初始化和反向初始化）API 对保护寄存器的访问
24	SpiSafetyEnable	FALSE	禁用 SPI 驱动的安全特性
25	SpiInitCheckApi	NC	SPI 安全特性使能时生效

② SPI 硬件配置。表 6-43 为 SPI0 硬件（SpiHwConfiguration）的配置参数和简要说明。

表 6-43 SPI0 硬件参数配置和说明

序号	配置项	配置值	说明
1	SpiSleepEnable	FALSE	收到来自 MCU 的休眠请求，SPI 模块不进入休眠模式
2	SpiHWPinMISO	MRST0A_PORT20_PIN12	MISO 引脚选择
3	SPISlaveHwPinMOSI	NC	SPI 安全特性使能时生效
4	SPISlaveHwPinSCLK	NC	SPI 安全特性使能时生效
5	SpiHwDmaChannelReceptionRef	/Mcu/Mcu/McuModuleConfiguration_0/DmaConfiguration_0/DmaChannel_48	SPI 接收所用的 DMA 通道
6	SpiHwDmaChannelTransmissionRef	/Mcu/Mcu/McuModuleConfiguration_0/DmaConfiguration_0/DmaChannel_52	SPI 发送所用的 DMA 通道

（2）SPI 驱动箱配置

下面介绍 SPI 驱动（SpiDriver）箱的配置情况，图 6-40 和图 6-41 为其配置界面。

图 6-40 SPI 驱动箱配置进入界面

① 通用配置。表 6-44 为 SPI 驱动通用（General）配置参数和简要说明。

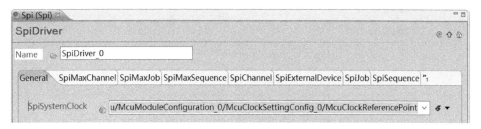

图 6-41　SPI 驱动箱配置界面

表 6-44　SPI 驱动通用配置参数和说明

序号	配置项	配置值	说明
1	SpiSystemClock	/Mcu/Mcu/McuModuleConfiguration_0/McuClockSettingConfig_0/McuClockReferencePoint	SPI 时钟选择

② 添加 SPI 通道。SPI 通道（SpiChannel）是指单次 SPI 操作，即向一个寄存器写入并读出数据的过程，图 6-42 和图 6-43 为其配置步骤，表 6-45 列出了配置的所有通道。

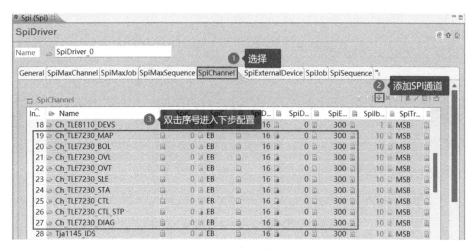

图 6-42　SPI 通道添加

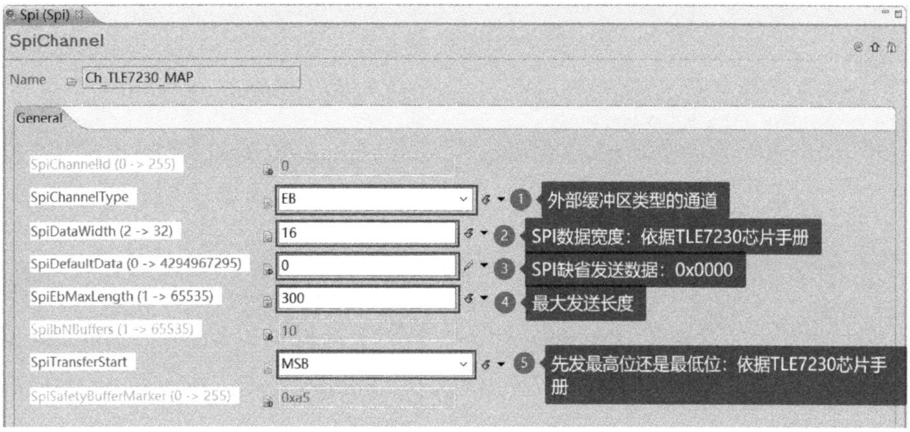

图 6-43　SPI 通道配置

表 6-45　操作 TLE7230 寄存器的 SPI 通道

序号	通道名	功用
1	Ch_TLE7230_MAP	输入映射寄存器
2	Ch_TLE7230_BOL	布尔操作寄存器
3	Ch_TLE7230_OVL	过载行为寄存器
4	Ch_TLE7230_OVT	过温行为寄存器
5	Ch_TLE7230_SLE	转换速度寄存器
6	Ch_TLE7230_STA	输出状态寄存器
7	Ch_TLE7230_CTL	串行输出控制寄存器
8	Ch_TLE7230_CTL_STP	串行输出控制寄存器：用于 STP（对电源短路）故障时的特殊处理
9	Ch_TLE7230_DIAG	诊断寄存器

③ 添加 SPI 外设。SPI 外设（SpiExternalDevice）指用 SPI 操作的外围芯片，图 6-44 和图 6-45 标识其配置步骤，表 6-46 列出了 TLE7230 需要配置的参数项。

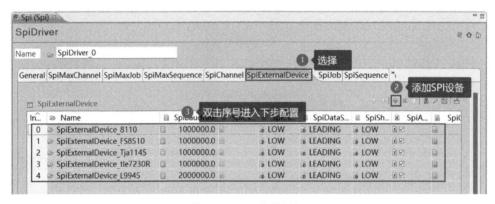

图 6-44　SPI 外设添加

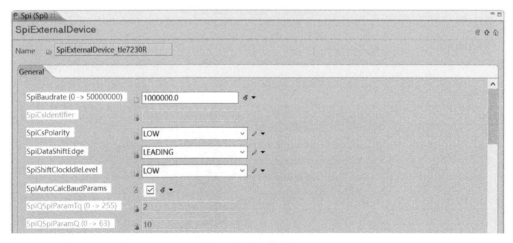

图 6-45　SPI 外设配置

表 6-46　TLE7230 操作 SPI 外设配置参数

序号	配置项	配置值	含义
1	SpiBaudrate	1000000.0(1M)	SPI 通信波特率
2	SpiCsPolarity	LOW	CS 片选极性，LOW 表示 0 为片选
3	SpiDataShiftEdge[①]	LEADING	首个数据转换边沿选择
4	SpiShiftClockIdleLevel	LOW	转换时钟空闲时的电平
5	SpiAutoCalcBaudParams	TRUE	是否自动计算 qspi 波特率参数
6	SpiAutoCalcDelayParams	TRUE	是否自动计算 qspi 延时参数
7	SpiTimeClk2Cs	3.2E-6	时钟与片选之间的最短时间，单位为 s
8	SpiTrailingTime	3.2E-7	SPI 后边沿时间，单位为 s
9	SpiIdleTime	2.0E-7	SPI 空闲时间，单位为 s
10	SpiEnableCs	TRUE	是否使能片选功能
11	SpiCsSelection	CS_VIA_PERIPHERAL_ENGINE	片选功能实现的方式：外设自动选择或通过 GPIO 控制
12	SpiParitySupport[②]	Unused	是否使能奇偶校验
13	SpiAssignedHwModule[③]	QSPI0	SPI 模块号
14	SpiAssignedHwChannel[③]	Channel6	SPI 通道号

① 一个时钟周期有两个边沿（Edge），分别称为：

Leading edge：前一个边沿或第一个边沿，如果开始电压是 1，就是 1 变成 0 的时候；如果开始电压是 0，就是 0 变成 1 的时候；

Trailing edge：后一个边沿或第二个边沿，如果开始电压是 1，就是 0 变成 1 的时候；如果开始电压是 0，就是 1 变成 0 的时候。

数据可以在时钟的前边沿或后边沿转换，这个配置项决定数据转换的时机。

注意：如果配置从模块为回读数据，该项需配置为"LEADING"。

② 这里须选择缺省配置，否则会多生成一个时钟，导致数据读写失败。

③ 由片选引脚的标号决定，这里为 SLSO06。

④ 添加 SPI 作业。SPI 作业（SpiJob）是指多次 SPI 操作，即向一组寄存器写入并读出数据的过程。在此过程中，SPI 总线处于占用状态，片选信号保持低电平。

图 6-46～图 6-48 为其配置步骤，表 6-47 列出了 TLE7230 需要配置的所有作业。

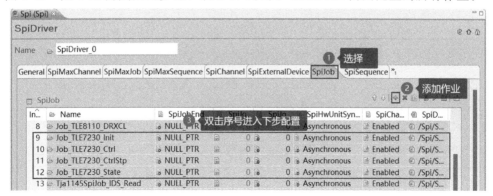

图 6-46　SPI 作业添加

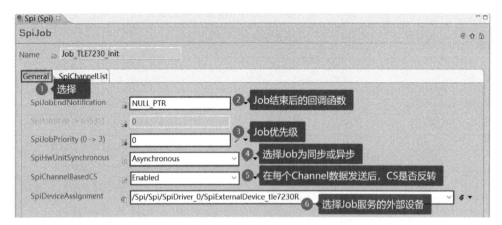

图 6-47　SPI 作业配置

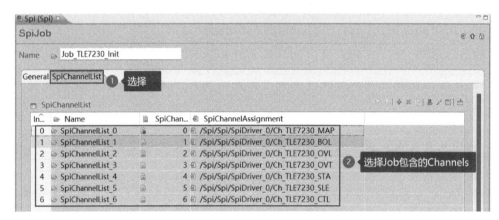

图 6-48　向 SPI 作业添加通道

注意：如果图 6-47 中的"SpiChannelBasedCS"项选择"Enabled"，则违背了 AUTOSAR 的规则，但不影响程序运行的正确性。

表 6-47　操作 TLE7230 寄存器的 SPI 作业

序号	作业名	包含通道	结束通知函数
1	Job_TLE7230_Init	Ch_TLE7230_MAP Ch_TLE7230_BOL Ch_TLE7230_OVL Ch_TLE7230_OVT Ch_TLE7230_STA Ch_TLE7230_SLE Ch_TLE7230_CTL	NULL
2	Job_TLE7230_Ctrl	Ch_TLE7230_CTL	NULL
3	Job_TLE7230_CtrlStp	Ch_TLE7230_CTL_STP	NULL
4	Job_TLE7230_State	Ch_TLE7230_DIAG Ch_TLE7230_STA	NULL

⑤ 添加 SPI 序列。SPI 序列（SpiSequence）包含一个或多个 SPI 作业，图 6-49～图 6-51 为其配置步骤，表 6-48 列出了 TLE7230 需要配置的所有 SPI 序列。

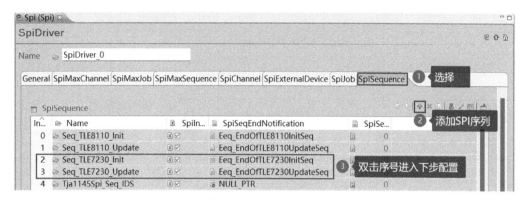

图 6-49 SPI 序列添加

图 6-50 SPI 序列配置

图 6-51 向 SPI 序列添加作业

表 6-48 操作 TLE7230 寄存器的 SPI 序列

序号	序列名	包含作业	结束通知函数	功用
1	Seq_TLE7230_Init	Job_TLE7230_Init	Eeq_EndOfTLE7230InitSeq	TLE7230 初始化
2	Seq_TLE7230_Update	Job_TLE7230_State Job_TLE7230_CtrlStp Job_TLE7230_Ctrl	Eeq_EndOfTLE7230UpdateSeq	TLE7230 通道控制和状态读取

6.6.5 SPI 应用

表 6-49 列出了 TLE7230 复杂驱动用到的 SPI 函数。

表 6-49 TLE7230 复杂驱动用到的 SPI 函数

序号	函数名	输入参数	输出参数	说明
1	Spi_SetupEB	Channel:SPI 通道号 SrcDataBufferPtr:SPI 发送数据首地址 DesDataBufferPtr:SPI 接收数据首地址 Length:SPI 收发数据长度	无	配置 SPI 通道的操作信息
2	Spi_AsyncTransmit	Sequence:SPI 序列号	无	向 SPI 总线发送数据
3	Spi_GetSequenceResult	Sequence:SPI 序列号	无	获取指定 SPI 序列最新 1 次的传输结果

在 TLE7230 复杂驱动程序中，读写寄存器是以"序列"为单位进行的，一次操作包含如下步骤。

① 一次或多次调用"Spi_SetupEB"函数配置每个 SPI 通道的收发数据首地址和数据长度。

② 调用"Spi_AsyncTransmit"函数启动本次操作。

③ 本次操作完成，软件会自动调用相应的"结束通知函数"，在其中通过调用"Spi_GetSequenceResult"函数校验本次传输是否正确，如果返回值为"SPI_SEQ_OK"可继续后续步骤。

特别注意：在进行上述第①步操作时，向每个 SPI 通道写入的数据必须用不同的变量表示，否则无法读到正确数据，本步的代码示例如下：

```
/* 配置 SPI 通道的数据缓冲区和长度 */
Spi_SetupEB(SpiConf_SpiChannel_Ch_TLE7230_DIAG,(const Spi_DataType *)(&(ptr->DIAG_IN.R)),(Spi_DataType *)(&(ptr->DIAG_OUT.R)),1);  /* 故障信息 */
Spi_SetupEB(SpiConf_SpiChannel_Ch_TLE7230_STA,(const Spi_DataType *)(&(ptr->STA_IN.R)),(Spi_DataType *)(&tle7230_DataOut),1);   /* 输出状态 */

/* 串行控制:适用于 STP 发生的情况 */
Spi_SetupEB(SpiConf_SpiChannel_Ch_TLE7230_CTL_STP,(const Spi_DataType *)(&(ptr->CTL_STP_IN.R)),(Spi_DataType *)(&(ptr->STA_OUT.R)),1);
Spi_SetupEB(SpiConf_SpiChannel_Ch_TLE7230_CTL,(const Spi_DataType *)(&(ptr->CTL_IN.R)),(Spi_DataType *)(&tle7230_DataOut),1);   /* 串行控制 */
```

6.7 CAN 模块设计

TC275 单片机共用 4 路 CAN 通道，分别为 CAN0、CAN1、CAN2 和 CAN3，重卡自动驾驶 VCU 用到了后 3 路。

CAN 设计涉及 Port、Irq、CAN 等 MCAL 模块，下面分别进行说明。

6.7.1 端口配置

每个 CAN 通道由 TXDCAN 和 RXDCAN 组成，表 6-50 列出了这些引脚的配置方法。

表 6-50 CAN 引脚端口配置方法

序号	引脚	配置要求
1	TXDCAN	数字推挽输出、ALT5，缺省值为 0
2	RXDCAN	数字无上下拉输入

6.7.2 中断配置

表 6-51 列出了 CAN1、CAN2、CAN3 通道的中断配置需求。

表 6-51 CAN 通道中断配置需求

序号	中断名称	中断类别	中断优先级	中断处理源
1	IrqCanSR1	二类中断	69	CPU0
2	IrqCanSR2	二类中断	68	CPU0
3	IrqCanSR3	二类中断	67	CPU0
4	IrqCanSR5	二类中断	65	CPU0
5	IrqCanSR6	二类中断	64	CPU0
6	IrqCanSR7	二类中断	63	CPU0
7	IrqCanSR9	二类中断	61	CPU0
8	IrqCanSR10	二类中断	60	CPU0
9	IrqCanSR11	二类中断	59	CPU0

6.7.3 CAN 配置

CAN 模块 MCAL 配置包括数据导入、通道配置和 ID 掩码核对三部分内容。

（1）数据导入

由于整车 CAN 网络通信数据量巨大，当 DBC 文件变更较多时，通过手动方式更改报文参数比较麻烦，故通常先按照图 6-52 和图 6-53 将 ISOLAR-AB 生成的 "CanEcucValues.arxml" 导入 EB Tresos，再在此基础上进行设计。

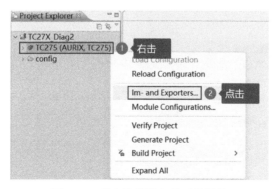

图 6-52 进入数据导入界面的操作

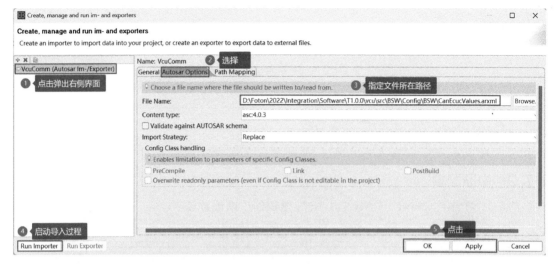

图 6-53　数据导入步骤

将"CanEcucValues.arxml"文件导入后，需更改 CAN 模块的部分配置项。

(2) 配置变量更改

按照图 6-54 更改配置变量。

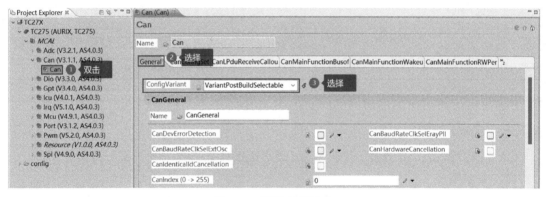

图 6-54　配置变量更改

(3) 总线关闭处理方式更改

将 CAN1、CAN3 和 CAN4 的总线关闭处理方式由"POLLING"改为"INTERRUPT"，如图 6-55～图 6-57 所示。

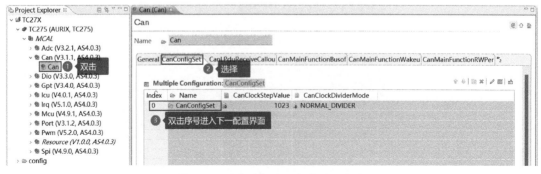

图 6-55　总线关闭处理方式更改启动

图 6-56 总线关闭处理方式更改进入

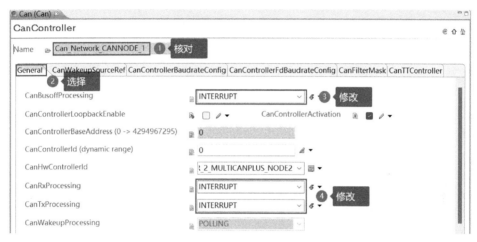

图 6-57 总线关闭处理方式更改

（4）掩码参数更改

按照图 6-58～图 6-60 更改掩码参数。

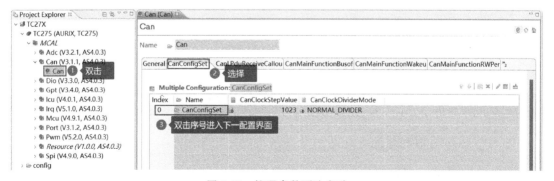

图 6-58 掩码参数更改启动

（5）波特率参数更改

波特率参数更改如图 6-61～图 6-63 所示（图示是波特率为 250K 时的配置，当通信波特率为 500K 时，对应参数分别为 2、12、5、1，与 250K 波特率相应参数一致）。

图 6-59　掩码参数更改进入

图 6-60　掩码参数更改

图 6-61　波特率参数更改启动

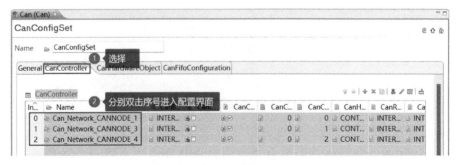

图 6-62　波特率参数更改进入

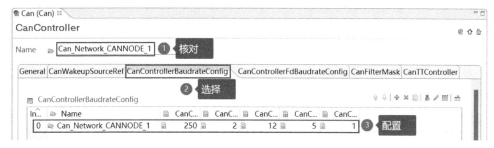

图 6-63 波特率参数更改

(6) 接收帧 ID 号和掩码核对

依据 ISOLAR-AB 中的参数核对各接收帧的 ID 号和掩码,前者见图 6-64,后者见图 6-65 和图 6-66。

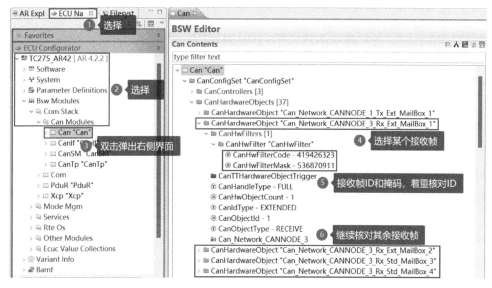

图 6-64 CAN 接收帧 ID 号和掩码在 ISOLAR-AB 中的位置

图 6-65 在 EB Tresos 中核对 CAN_ID(一)

(7) 硬件对象配置

每个 CAN 帧对应 MCAL 中的一个通道,这里对每个通道的参数进行配置。在图 6-66 界面下,按照 CAN1 接收、CAN3 接收、CAN4 接收、CAN1 发送、CAN3 发送、CAN4 发

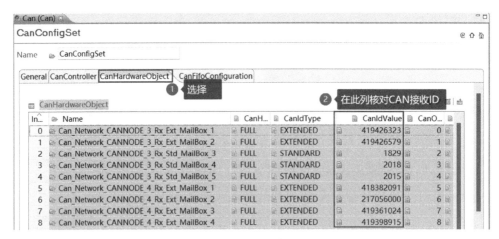

图 6-66　在 EB Tresos 中核对 CAN_ID（二）

送的次序调整各通道，并按照从小到大的顺序配置"CanObjectID"。

（8）接收帧掩码配置

按照图 6-67 和图 6-68 所示的方法为每个 CAN 接收帧配置掩码。

图 6-67　CAN 接收帧掩码配置（一）

图 6-68　CAN 接收帧掩码配置（二）

6.8 Fls 模块设计

Fls 模块用于实现一组有含义参数的写入和读出。

6.8.1 Fls 配置

Fls 模块配置按照下列步骤进行。

（1）通用箱配置

图 6-69 为 Fls 模块通用（General）箱配置界面，表 6-52 为各项的配置参数和简要说明。

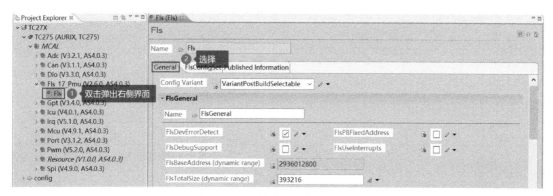

图 6-69　Fls 模块通用箱配置界面

表 6-52　Fls 模块通用箱参数配置和说明

序号	配置项	配置值	说明
1	Config Variant	VariantPostBuildSelectable	构建后可选择
2	Name	FlsGeneral	配置箱名称
3	FlsDevErrorDetect	true	开发错误检测使能
4	FlsPBFixedAddress	false	所用 Fls 配置可改变
5	FlsDebugSupport	false	调试支持禁用
6	FlsUseInterrupts	false	中断禁用
7	FlsBaseAddress	2936012800(0xAF000000)	FLASH 基地址，固定值，不可配置
8	FlsTotalSize	262144(0x40000)	FLASH 区总大小，须为 16384(16KB)的整数倍
9	FlsAcLoadOnJobStart	true	作业开始时访问代码加载到 RAM 执行
10	FlsVersionInfoApi	true	获取版本信息 API 使能
11	FlsCancelApi	true	Fls_17_Pmu_Cancel(取消正在进行的 FLASH 擦写)使能
12	FlsCompareApi	true	Fls_17_Pmu_Compare(比较 FLASH 内存和应用数据缓存)使能

续表

序号	配置项	配置值	说明
13	FlsSetModeApi	true	Fls_17_Pmu_SetMode（配置读取模式为快速或慢速）使能
14	FlsGetStatusApi	true	Fls_17_Pmu_GetStatus（获取驱动状态：忙碌/空闲/未初始化）和 Fls_17_Pmu_GetBankStatus（获取扇区状态）使能
15	FlsGetJobResultApi	true	Fls_17_Pmu_GetJobResult（同步返回前次作业的结果）使能
16	FlsResetSfrAtInit	false	禁用在 Fls_17_Pmu_Init（FLASH 初始化）中复位 SFR 缺省值的功能
17	FlsDriverIndex	0	为 FLASH 模块分配索引号
18	FlsRunningInUser0Mode	false	相应 API 运行在用户模式 1
19	FlsUserModeInitApiEnable	false	禁止"Fls 用户模式初始化"API 调用
20	FlsUserModeRuntimeApiEnable	false	禁止"Fls 用户模式非初始化（除初始化和反向初始化函数之外）"API 调用
21	Name	FlsPublishedInformation	配置箱名称
22	FlsAcSizeErase	200	擦除 FLASH 访问代码所需的 RAM 区字节数，不可配置
23	FlsAcSizeWrite	200	写 FLASH 访问代码所需的 RAM 区字节数，不可配置
24	FlsEraseTime	1000000.0	擦除 1 个完整 FLASH 扇区的最长时间，不可配置
25	FlsErasedValue	0	已被擦除的 FLASH 内存单元的内容，不可配置
26	FlsSpecifiedEraseCycles	125000	为 FLASH 设备指定的擦除周期数，不可配置
27	FlsWriteTime	150.0	写完 1 个完整 FLASH 页的最长时间，不可配置
28	FlsAcLocationErase	0	擦除命令循环的位置，这个参数没有使用，不可配置
29	FlsAcLocationWrite	0	写入命令周期的位置，这个参数没有使用，不可配置
30	FlsExpectedHwId	0	驱动所期望硬件设备的唯一标识符，这个参数与外部 FLASH 相关，没有使用，不可配置
31	Name	FlsIfxSpecificConfig	配置箱名称
32	FlsStateVarStruct	FlsStateVar	此参数用于提供针对 FLASH 驱动整个全局变量结构的名称
33	FlsUseEraseSuspend	false	禁用擦除挂起和恢复操作
34	FlsEraseSuspendTimeout	6000	擦除挂起功能的超时参数（循环计数数量），不可配置
35	FlsIllegalStateNotification	NULL_PTR	Fls 进入非法状态时调用的通知函数指针
36	FlsVerifyEraseApi	false	Fls_17_Pmu_VerifyErase（同步擦除扇区验证服务）禁用

(2) Fls 配置集

下面介绍 Fls 配置集（FlsConfigSet）的配置情况，图 6-70 为其配置进入界面。

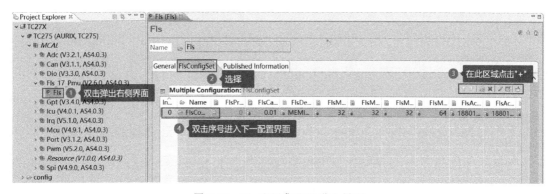

图 6-70　Fls 配置集配置进入界面

① 通用。按照图 6-71 所示进入 Fls 配置集通用配置界面，表 6-53 为各项的配置参数和简要说明。

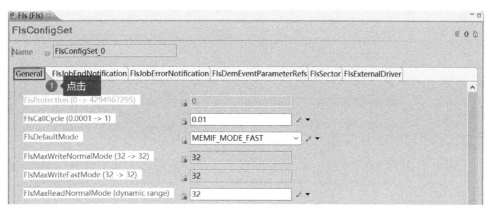

图 6-71　Fls 配置集通用配置界面

表 6-53　Fls 配置集通用参数配置和说明

序号	配置项	配置值	说明
1	FlsProtection	—	由于保护被 FlsLoader 模块处理，这个参数不支持，不可配置
2	FlsCallCycle	0.01	FLASH 主函数的调用周期，单位为 s
3	FlsDefaultMode	MEMIF_MODE_FAST	配置 FLASH 设备的快速或慢速模式
4	FlsMaxWriteNormalMode	32	在 FLASH 驱动作业处理的 1 个周期内能写入的最大字节数，不可配置
5	FlsMaxWriteFastMode	32	在 FLASH 驱动作业处理的 1 个周期内能写入的最大字节数，这个参数不支持，不可配置
6	FlsMaxReadNormalMode	32	正常模式下在 FLASH 驱动作业处理的 1 个周期内能读取的最大字节数

续表

序号	配置项	配置值	说明
7	FlsMaxReadFastMode	64	快速模式下在 FLASH 驱动作业处理的 1 个周期内能读取的最大字节数
8	FlsAcErase	1880101320(0x701011C8)	指定擦除命令周期从哪个 RAM 地址复制和执行。写入这里的值被忽略,使用 PFLASH 中擦除命令周期的地址
9	FlsAcWrite	1880101120(0x70101100)	指定写入命令周期从哪个 RAM 地址复制和执行。写入这里的值被忽略,使用 PFLASH 中写入命令周期的地址
10	FlsWaitStateRead	FLS_WAIT_STATE_READACCESS9	定义要进行读取访问的等待状态配置
11	FlsWaitStateErrorCorrection	FLS_WAIT_STATE_ERRORCORRECTION1	定义错误纠正的等待状态配置
12	Name	FlsSectorList	配置箱名称

② Fls 区。按照图 6-72 和图 6-73 所示的步骤进入 Fls 配置集 Fls 区配置界面,表 6-54 为各项的配置参数和简要说明。

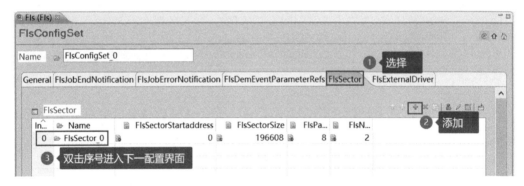

图 6-72 Fls 配置集 Fls 区配置进入界面

图 6-73 Fls 配置集 Fls 区配置界面

表 6-54 Fls 配置集 Fls 区参数配置和说明

序号	配置项	配置值	说明
1	Name	FlsSector_0	配置箱名称
2	FlsSectorStartaddress	0	Fls 区的起始地址,不可配置
3	FlsSectorSize	196608(0x30000)	Fls 区的大小,由单片机型号决定
4	FlsPageSize	8	Fls 页的大小,不可配置
5	FlsNumberOfSectors	2	Fls 扇区数量,不可配置

6.8.2 Fls 应用

Fls 模块常用的数据结构和 API 函数分别如表 6-55 和表 6-56 所列。

表 6-55 Fls 模块数据结构

序号	数据结构名	描述
1	MemIf_StatusType	FLASH 驱动状态 MEMIF_UNINIT:Fls 驱动没有初始化或无法使用(复位后的缺省值) MEMIF_IDLE:Fls 驱动可接收写入或擦除的指令 MEMIF_BUSY:Fls 驱动正在工作中(读、写或擦)
2	MemIf_JobResultType	FLASH 作业结果 MEMIF_JOB_OK:前次写入或擦除作业成功完成(复位后的缺省值) MEMIF_JOB_PENDING:Fls 驱动正在进行写入或擦除操作 MEMIF_JOB_CANCELED:前次作业已被终止 MEMIF_JOB_FAILED:前次作业失败 MEMIF_BLOCK_INCONSISTENT:前次 Fls 模块读取读出了不一致的数据 MEMIF_BLOCK_INVALID:前次 Fls 模块读取读出了无效内容

表 6-56 Fls 模块 API 函数功用

序号	函数名	输入参数	输出参数	说明
1	Fls_17_Pmu_Init	Fls 配置集指针	无	Fls 模块初始化
2	Fls_17_Pmu_Erase	TargetAddress:目标逻辑地址,须加在 Fls 基础地址上 Length:擦除字节数	无	Fls 擦除
3	Fls_17_Pmu_Write	TargetAddress:目标逻辑地址,须加在 Fls 基础地址上 SourceAddressPtr:源数据缓冲区指针 Length:写入字节数	无	Fls 写入
4	Fls_17_Pmu_MainFunction	无	无	执行 Fls 读写擦操作过程
5	Fls_17_Pmu_Read	SourceAddress:目标逻辑地址,须加在 Fls 基础地址上 Length:读取字节数	TargetAddressPtr:读取数据指针	Fls 读取
6	Fls_17_Pmu_GetStatus	无	无	获取 Fls 驱动状态

Fls 模块的 API 均由上层的 FEE 或 MemIf 自动调用,用户无须手动调用。

7 AUTOSAR其他部分设计与集成

在完成第 3 章到第 6 章的 AUTOSAR 核心设计后,还需要进行抽象层设计、芯片驱动设计、内存映射设计等工作。

7.1 抽象层设计

ECU 抽象层将模拟量和数字量输入输出的各物理量映射到单片机的通道上,同时移植 ADC 实现的代码。表 7-1 列出了 ECU 抽象层包含的文件,工程路径为 "…\ src \ IO-HWAB"。

表 7-1　ECAL 程序文件示例

序号	文件名	功用	处理方式
1	IoHwAB_ADC.h	ADC 端口映射	将 ADC 端口替换为各项目需要的模拟量
2	IoHwAB_DIO.h	DI 和 DO 端口映射	将 DI 和 DO 端口替换为各项目需要的数字量
3	IoHwAB_ADC.c	ADC 实现	手工编码实现 ADC 启动、转换结果读取等功能

使用抽象层的好处是:可以根据当前硬件资源,设计出一套通用的 MCAL,即将模拟量输入、数字量输入、PWM 输入、高低边输出、PWM 输出等单片机外设资源配置好,在适配不同控制器项目时,无需更改 MCAL,只要修改相应头文件的宏定义即可。图 7-1 和图 7-2 分别给出了数字量输入和模拟量输入的抽象层实现。

图 7-1 数字量输入抽象层实现

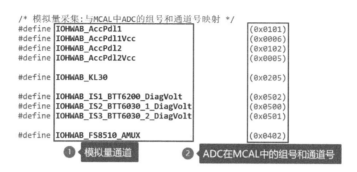

图 7-2 模拟量输入抽象层实现

7.2 芯片驱动设计

在重卡自动驾驶 VCU 中，需要编写驱动的单片机外围芯片包括高边驱动芯片、低边驱动芯片、CAN 收发器芯片、电源管理芯片等。这部分软件用手工编程的方式完成，工程路径为 "… \ src \ CDD"。

下面列出外围芯片驱动程序的集成要点。

7.2.1 初始化函数调用

将外围芯片的初始化子函数集中在一个函数（如 Cdd _ Init）中调用，再将该函数配置在 EcuM 中。外围芯片驱动初始化的示例代码如下：

```
/**
 * @brief      芯片驱动初始化
 *
 * @param[in]    none
 * @param[out]   none
 *
 * @return      none
 */
void Cdd _ Init(void)
{
```

```
    L9945_DataInit();
    BTT6030_Init();
    BTT6200_Init();
    TLE7230_Init();
    TLE8110_Init();
}
```

7.2.2 核心函数调用

外围芯片驱动中的核心函数需要在"RE_Os_SWC_OsTask_10ms_func"中以10ms为周期循环调用,这部分示例代码如下:

```
FUNC(void,Os_SWC_CODE)RE_Os_SWC_OsTask_10ms_func
(
    void
)
{
    /* PROTECTED REGION ID(User Logic:RE_Os_SWC_OsTask_10ms_func)
    ENABLED START */
    /* Start of user code-Do not remove this comment */
    FS8510_Process();
    TLE7230_Process();
    L9945_Cycle();
    TJA1145_Diagnosis_Check();
    TLE8110_Process();
    BTT6030_FaultDiagnoseProcess();
    BTT6200_FaultDiagnoseProcess();
    /* End of user code-Do not remove this comment */
    /* PROTECTED REGION END */
}
```

7.2.3 头文件路径配置

在芯片驱动程序编译前,须在Hightec集成开发环境中手动添加新增头文件的路径。

7.3 基础软件与应用软件集成

本节描述车载ECU基础软件与应用软件集成步骤。

7.3.1 文件复制与工程刷新

按照表7-2将应用软件层提供的程序源文件、程序头文件和arxml文件复制到工程的相应路径,再在ISOLAR-AB中打开工程或在已打开的工程中刷新文件系统。

表 7-2 应用软件层程序文件处理

序号	类别	文件(夹)名	文件复制位置
1	A2L	VCU_PLATFORM.a2l	…\tools\A2LGenTool\ASAP\Adr_Files\a2l
2	arxml	VCU_PLATFORM_component.arxml	…\src\ASW\VcuApp_SWC\arxml
3	arxml	VCU_PLATFORM_datatype.arxml	…\src\ASW\VcuApp_SWC\arxml
4	arxml	VCU_PLATFORM_implementation.arxml	…\src\ASW\VcuApp_SWC\arxml
5	arxml	VCU_PLATFORM_interface.arxml	…\src\ASW\VcuApp_SWC\arxml
6	文件夹	lib	…\src\ASW\VcuApp_SWC
7	C	VCU_PLATFORM.c	…\src\ASW\VcuApp_SWC\src
8	H	VCU_PLATFORM.h	…\src\ASW\VcuApp_SWC\src
9	C	VCU_PLATFORM_data.c	…\src\ASW\VcuApp_SWC\src
10	H	VCU_PLATFORM_private.h	…\src\ASW\VcuApp_SWC\src
11	H	VCU_PLATFORM_types.h	…\src\ASW\VcuApp_SWC\src

如果是首次操作，须依次完成下列步骤；后续更新只需要在完成文件复制后直接刷新工程即可。

（1）arxml 文件导入

按照图 7-3～图 7-5 的步骤进行，再执行刷新操作。

图 7-3 arxml 文件导入启动

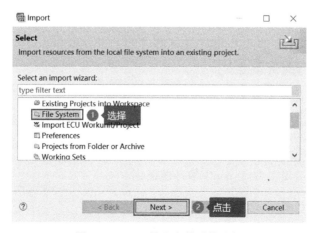

图 7-4 arxml 导入文件系统选择

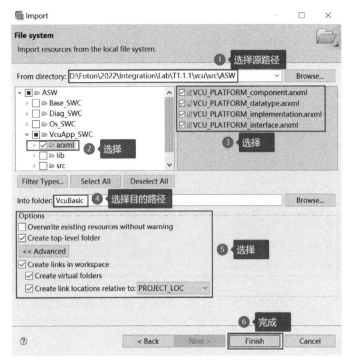

图 7-5　应用软件层 arxml 导入

（2）SWC 添加

将应用软件层的 SWC 分别添加到部件和 ECU 中，抽取。

（3）初始化函数添加

在 BswM 模块中创建"APP 初始化"行为（Action）并将其添加至"BswM_AL_BswMSwitchAppRun"行为列表（ActionList）中，操作方法参见 5.3 节。

（4）核心函数添加

按照 3.8.2 节的方法将应用软件层需要循环执行的运行实体拖到 OS 任务中，如表 7-3 所列。

表 7-3　应用软件层核心运行实体调度配置

序号	OS 任务	运行实体
1	ASW_OsTask_10ms	VCUApp_Step

7.3.2　抽取和运行时环境生成

应用软件层文件复制完成后，须在 ISOLAR-AB 环境下进行"抽取"和"RTE 生成"的操作。

7.3.3　工程编译

将更新后的程序工程在 Hightec 中编译链接。

7.3.4　生成标定文件

运行特定脚本，向应用软件层提供的 A2L 文件添加标定量和观测量的地址，以便使用

INCA 等工具进行变量标定和监测。

7.4 其他模块设计

重卡自动驾驶 VCU 项目的部分工作没有在前文中说明，现集中罗列到表 7-4 中。

表 7-4　重卡自动驾驶 VCU 项目其他模块汇总

序号	模块名称	功用
1	Linker 文件	读取很多目标文件(部分程序)，将其内容合并形成一个可执行程序，其主要作用有 2 个：符号解析和重定位
2	内存映射文件	将常量、变量和代码定义在指定的内存区域
3	BOOTLOADER	用于重卡自动驾驶整车控制器应用程序更新

至此，本书所述的重卡自动驾驶 VCU 项目软件设计阶段基本完成。

8 AUTOSAR与汽车电子相关技术

功能安全（Functional Safety）指某系统不会对人身、财产及环境造成伤害。信息安全（Cyber Security）指安全系统难以被其他人恶意利用车辆漏洞造成经济损失、驾驶操控失误、隐私盗取及功能安全损坏。

本章从功能安全和信息安全相关标准的要求入手，对 AUTOSAR CP 以及与之相关的软件模块做简要介绍。

8.1 AUTOSAR 与功能安全

2018 年 12 月，备受汽车电子行业关注的 ISO 26262《道路车辆功能安全》第二版发布，适用范围从乘用车扩展到了所有车型，包括商用车和摩托车，该标准对商用车汽车电子器件提出了更为详尽的功能安全要求。

本节在分析 ISO 26262 相关章节内容的基础上，对 AUTOSAR CP 中与其有关的模块和车载 ECU 基础软件功能安全实现方法做简单说明。

8.1.1 ISO 26262 要求和 AUTOSAR 支持

功能安全 ISO 26262—2018 按照汽车行业的 V 流程逐一阐述，其中对软件部分的要求主要集中在第 6 部分。此外，ISO 26262—2018 硬件部分和系统部分也有一些内容需要在底层软件中实现。

图 8-1 为 ISO 26262 的内容概览。

图 8-1 ISO 26262 内容概览

(1) 软件架构设计要求

下面列出 ISO 26262 对软件架构的要求及 AUTOSAR CP 为适配之所具备的特点。

① 软件架构特征。为避免软件架构设计和后续开发活动中的系统性故障,软件架构需具备以下特征:

——可理解性;

——一致性;

——简单性;

——可验证性;

——模块化；

——抽象性；

——封装性；

——可维护性。

由于 AUTOSAR 具有层次分明、模块独立性强、静态代码与配置代码分离等特点，几乎完全符合上述要求。

② 错误检测和处理机制。为了提升软件的鲁棒性，ISO 26262 标准要求软件架构设计时需要考虑错误检测机制和错误处理机制，如表 8-1 所列。

表 8-1 软件架构设计验证方法

	方法	ASIL 等级			
		A	B	C	D
1a	设计走查①	++	+	o	o
1b	设计检查①	+	++	++	++
1c	对设计中的动态行为进行仿真	+	+	+	++
1d	生成原型	o	o	+	++
1e	形式验证	o	o	+	+
1f	控制流分析②	+	+	++	++
1g	数据流分析②	+	+	++	++
1h	调度分析	+	+	++	++

① 在基于模型的开发的情况下，这些方法可以在模型中应用。
② 控制流和数据流分析可以限制在安全相关组件和它们的接口上。

相应地，AUTOSAR 规范中提出了如下概念：

——存储空间隔离（Memory partitioning）；

——防御性行为（Defensive behavior）；

——端到端保护（End-to-end communication protection）；

——程序流监控（Program flow monitoring）；

——硬件测试和检查（Hardware testing and checking），其中与硬件相关的检测在 ISO 26262-5 中有要求。

③ 软件架构设计要求。功能安全中对软件架构设计的要求如表 8-2 所列。

表 8-2 软件架构设计要求

	方法	ASIL 等级			
		A	B	C	D
1a	软件组件的适当分层结构	++	++	++	++
1b	限制软件组件的规模和复杂度	++	++	++	++
1c	限制接口规模①	+	+	+	++
1d	每个组件内强内聚②	+	++	++	++
1e	软件组件间松耦合②③	+	++	++	++

续表

方法		ASIL 等级			
		A	B	C	D
1f	恰当调度的特性	++	++	++	++
1g	限制中断的使用①④	+	+	+	++
1h	软件组件的适当空间隔离		+	+	++
1i	共享资源的适当管理⑤	++	++	++	++

① 在原则 1b、1c 和 1g 中,"限制"表示与其他设计考虑进行平衡后的最低程度。

② 例如,原则 1d 和 1e 可通过分隔关注点的方法实现,这些关注点代表了对与特定概念、目标、任务或目的相关的软件部分进行识别、封装和操作的能力。

③ 原则 1e 针对软件组件间相关性的管理。

④ 原则 1g 可以包括最小化数量,或使用具有明确优先级的中断来实现确定性。

⑤ 在共存的情况下,原则 1i 适用于共享硬件资源以及共享软件资源。这种资源管理可以用软件或硬件实现,包括安全机制和/或防止共享资源访问冲突的过程措施,以及探测和处理共享资源访问冲突的机制。

AUTOSAR 基于分层和模块化理念的设计以及 Interface 和 SWC 的使用,使得软件架构满足 1a 层次化结构、1b 限制软件组件数量、1c 限制接口数量的要求。另外,AUTOSAR 模块化可裁剪的特点,降低了模块间的耦合度,基本满足 1e 松耦合的要求。至于 1d 强内聚,AUTOSAR 引入 Software Components,整个概念本身即建议一个 SWC 包含一个相关的功能块。1f 合适的调度和 1g 限制中断使用与 AUTOSAR 的 OS 和 RTE 相对应,强大的 OS 功能和灵活的 Event 使用,可实现最合适的调度机制,且用轮询的 Event 触发方式减少了中断的使用。

(2) 硬件验证要求

ISO 26262 在硬件验证方面也有一些要求,在硬件测试方面主要包括以下三个部分:

——RAM 测试;

——FLASH 测试;

——内核测试。

① RAM 测试。ISO 26262 中的 RAM 错误检测机制如表 8-3 所列。

表 8-3 RAM 错误检测机制

安全机制/措施	可实现的典型诊断覆盖率	备注
随机访问存储器(RAM)模式测试	中	对卡滞失效具有高覆盖率。对链接失效无覆盖。适合在中断保护下运行
随机访问存储器(RAM)跨步测试	高	对链接单元的覆盖率取决于写和读的次序。通常该测试不适合运行时执行
奇偶校验位	低	—
使用错误探测纠错码(ECC)监控存储器	高	有效性取决于冗余位数。可用于修正错误
存储块复制	高	共因失效模式可以降低诊断覆盖率
运行校验和/CRC	高	签名的有效性取决于与要保护的信息块长度相关的多项式。在校验和计算过程中,需要注意用于确定校验和的值不会改变。如果返回的是随机数据模式,那么可能性就是校验和最大值的倒数

AUTOSAR MCAL 中有一个 RamTst 模块，专门实现了这一功能。其原理是在被测的 RAM 中写入一个已知的序列，然后读取它并测试读取序列是否与写入序列相同。

② FLASH 测试。ISO 26262 中的 ROM/FLASH 错误检测机制如表 8-4 所列。

表 8-4　ROM/FLASH 错误检测机制

安全机制/措施	可实现的典型诊断覆盖率	备注
奇偶校验位	低	—
使用错误探测纠错码（ECC）监控存储器	高	有效性取决于冗余位数。可用于修正错误
改进的校验和	低	取决于在测试区域内的错误位的数量和位置
存储器签名	高	—
存储块复制	高	—

AUTOSAR MCAL 中的 FlsTst 提供算法来测试非易失性存储器，其测试服务可以在上电初始化后的任一时刻执行，并可根据不同的安全分析需求选择合适的测试算法及合适的执行点来满足系统安全需求。

③ 内核测试。ISO 26262 中内核部分失效模式如表 8-5 所列。

表 8-5　内核失效模式（部分）

元器件/子元器件	功能	失效模式应考虑的方面
中央处理单元（CPU）	按照给定的指令集架构执行给定的指令流	CPU_FM1:给定指令流未执行(完全遗漏) CPU_FM2:非预期指令流被执行(误启动) CPU_FM3:指令流执行时间错误(过早/过晚) CPU_FM4:指令流结果不正确 如有必要，可将 CPU_FM1 进一步细化为： ——CPU_FM1.1:由于程序计数器挂起,给定的指令流未执行(完全遗漏); ——CPU_FM1.2:由于指令取指挂起,给定的指令流未执行(完全遗漏)
CPU 中断处理电路(CPU_INTH)	按照中断请求执行中断服务程序(ISR)	CPU_INTH_FM1:ISR 未执行(遗漏/太少) CPU_INTH_FM2:非预期 ISR 执行(误启动/太多) CPU_INTH_FM3:延迟的 ISR 执行(过早/过晚) CPU_INTH_FM4:不正确的 ISR 执行(见 CPU_INTH_FM1/2/4)

AUTOSAR MCAL 中的 CoreTst 可通过对内核进行测试，来验证 CPU 寄存器、中断控制器、存储接口等的功能是否完整。

（3）通信验证要求

ISO 26262 的第 5 部分总结了对通信总线的要求，如表 8-6 所列。这些要求在 AUTOSAR 对应的总线模块（如 CAN 协议栈、LIN 协议栈等）的需求和实现中均有体现。

表 8-6　ISO 26262 中对通信总线的要求

安全机制/措施	可实现的典型诊断覆盖率	备注
一位硬件冗余	低	—
多位硬件冗余	中	—

续表

安全机制/措施	可实现的典型诊断覆盖率	备注
回读已发送的消息	中	—
完全硬件冗余	高	共模失效模式会降低诊断覆盖率
使用测试模式检验	高	—
发送冗余	中	取决于冗余类型,只对瞬态故障有效
信息冗余	中	取决于冗余类型
帧计数器	中	—
超时监控	中	—
信息冗余、帧计数器和超时监控的组合	高	对于没有硬件冗余和测试模式的系统,这些安全机制的组合可以声明达到高覆盖率

(4) 编码风格要求

ISO 26262 中对编码风格的要求如表 8-7 所列。

表 8-7 ISO 26262 中对编码风格的要求

	通则	ASIL 等级			
		A	B	C	D
1a	强制低复杂度	++	++	++	++
1b	语言子集的使用	++	++	++	++
1c	强制强类型	++	++	++	++
1d	防御性实施技术的使用	+	+	++	++
1e	使用值得信赖的设计原则	+	+	++	++
1f	使用无歧义的图形表示	+	++	++	++
1g	风格指南的使用	+	++	++	++
1h	命名惯例的使用	++	++	++	++
1i	并发方面	+	+	+	+

上述编码风格要求基本贯穿在 AUTOSAR 规范中。

8.1.2 AUTOSAR 安全机制

AUTOSAR 提供了一些安全机制用于支持安全关键系统的开发,这些通常是设计符合 ISO 26262 标准的车载 ECU 底层软件的依据。

① 内存分区(Memory Partitioning)。
② 时间监控(Timing Monitoring)。
③ 逻辑监督(Logical Supervision)。
④ 端到端保护(End-2-End Protection)。

这些安全机制中,内存分区用于实现不同 ASIL 等级、安全相关组件和非安全相关组件的彼此独立;时间监控和逻辑监督是软件运行时序错误的常用检测方法;端到端保护实现了安全相关应用在非受信网络和存储器之间数据交互的安全。

(1) 内存分区

内存分区用于避免不同软件组件之间互相干扰而造成的对内存存储数据段或代码段的篡改。

AUTOSAR 操作系统将 OS-Application 放入独立的内存区域，由操作系统实现不同应用免受内存故障干扰，这种机制称为内存分区。由于在一个 OS-Application 的内存分区中执行的代码不能修改其他内存区域，因此 OS-Application 之间相互保护。

具有不同 ASIL 等级的软件组件应分配给不同的 OS-Application。操作系统能防止各个 OS-Application 间不适当的访问，但一个有问题的软件组件不会被阻止修改同一 OS-Application 中其他软件组件的内存区域。同一软件组件不能分配到不同的 OS-Application 中。

(2) 时间监控

为避免软件组件之间出现的执行阻塞、死锁、活锁、执行时间不正确分配、软件元素之间不同步，需要对软件的运行时间进行监控，以确定软件运行的正确时序。

受监督的软件实体可以是软件组件、基础软件模块或 CDD 中的一个 SWC 或 Runnable。受监督实体中的重要位置被定义为检查点（checkpoint）。受监督实体的代码与看门狗管理器的函数调用交错在一起。这些调用用于向看门狗管理器报告到达了一个检查点。

(3) 逻辑监督

逻辑监督用于检查软件是否按照正确的逻辑顺序执行。如果一条或多条程序指令以不正确的顺序被处理，甚至根本没有被处理，就会发生不正确的控制流。例如，控制流错误会导致数据不一致、数据损坏或其他软件故障。

与时间监控一样，受监督的软件实体可以是软件组件、基础软件模块或 CDD 中的一个 SWC 或 Runnable。逻辑监督同样基于检查点进行检查，每个受监督实体都有一个或多个检查点。一个受监督实体的检查点之间的转换形成一个图。

(4) 端到端保护

在一个分布式系统中，发送方和接收方之间的数据交互可能会影响功能安全。因此，此类数据的传输应使用保护机制，以防止通信链路内的故障。

实现端到端保护的方法是，在通信协议中，数据发送方增加端到端控制信息，控制信息通常包含一个校验和、一个计数器和其他选项。扩展后的数据元素被提供给 RTE 进行传输。

数据元素在接收方通过处理端到端控制信息的内容与应用数据进行验证。在收到的数据元素被处理并接受为正确后，控制信息被删除，应用数据被提供给目标软件组件，错误处理在接收方进行。

8.1.3 车载 ECU 基础软件功能安全实现

开发一款符合 ISO 26262 的车载 ECU 是一项比较复杂的工作，至少涉及标准的第 3、4、5、6 部分，本节仅列出重卡自动驾驶 VCU 基础软件中与功能安全有关的核心工作，详见表 8-8。

表 8-8　重卡自动驾驶 VCU 与功能安全相关的底层核心工作

序号	层	模块	描述
1	MCAL	Wdg	内部看门狗模块
2	CDD	FS8510	实现电源管理芯片的安全机制
3	CDD	AURIX	实现 TC275 安全机制
4	BSW	WdgM	实现看门狗管理的 Alive、Deadline、Logic 三种机制
5	BSW	E2E	实现通信数据校验
6	BSW	OS	将任务划分为 QM、ASIL B 和 ASIL D 三类,分别配置在 Core0 的三个 Application 下运行
7	RTE	RTE	将与功能安全有关的故障或状态信号传递给应用软件层处理

8.2　AUTOSAR 与信息安全

随着汽车网联化和智能化,汽车不再孤立,越来越多地融入互联网中。与此同时,汽车也慢慢成为潜在的网络攻击目标,汽车的网络安全已成为汽车安全的基础,受到越来越多的关注和重视。

AUTOSAR 作为目前全球范围内被普遍认可的汽车嵌入式软件架构,已经集成的信息安全相关模块对实现车载 ECU 信息安全需求有着充分的支持,例如保护车内通信或保护机密数据。

本节从车载 ECU 基础软件信息安全的要求谈起,概要性地总结 AUTOSAR CP 对信息安全的支持,最后简述开发符合信息安全要求的车载 ECU 产品需要进行的主要工作。

8.2.1　汽车基础软件信息安全要求

信息安全无法通过独立的安全机制实现,需要进行纵深防御体系设计。从云端-车云通信-车端控制器-应用软件-基础软件-硬件等多个维度进行层层防御,设计相应的安全措施以提升安全性。基础软件的安全需求主要来自以下两个方面:

① 实现更高一级来源于功能/控制器的信息安全需求。如特定控制器需实现加密通信,基础软件需要保证通信协议安全性、密钥管理、加密认证、加密存储等功能。

② 基础软件自身安全的要求。为保证上述功能的安全实现不被绕过,基础软件还需保证自身的安全,如不存在公开漏洞、安全启动等。

下面对常用的信息安全组件做简略说明。

(1) 安全启动

安全启动(SecureBoot)是 MCU 的基本功能,通过硬件加密模块实现,该机制必须独立于用户程序运行,不能被破坏。作为整个安全启动信任链的基础,安全启动主要用于 MCU 启动之后,用户程序执行之前,对用户定义 FLASH 中关键程序的数据完整性和真实性进行验证,确定是否被篡改。如果验证失败,说明 MCU 处于不可信状态,部分功能甚至整个程序不能运行。

（2）安全刷写

随着网络环境越来越复杂，在软件升级过程中，保证升级包的发布来源有效、不被篡改、数据不丢失以及升级内容不被恶意获取变得越来越重要。

传统升级过程中升级包的数据基本上以明文传输，数据校验方式为安全性较低的散列算法。安全升级在传统升级基础上，一方面使用添加签名的固件，保证数据来源可靠，数据完整，没有被篡改；另一方面传输数据时通过密文传输，有效降低了 OTA 无线更新时数据暴露的风险。

（3）安全存储

安全存储可以通过将 FLASH 某些区域设置为只读或只写来实现，防止非法访问和篡改。FLASH 保护区域的数量和大小根据 FLASH 类型和该 FLASH 块大小而有所不同。

（4）安全调试

现在车载控制器大都配备了基于硬件的调试功能，用于片上调试程序。安全 JTAG 模式是指通过使用基于挑战/响应的身份验证机制来限制 JTAG 访问。即只有授权的调试设备（具有正确响应的设备）才能访问 JTAG 端口，未经授权的 JTAG 访问尝试将被拒绝。在生产或者下线阶段，必须禁用或锁定相关的调试诊断接口，禁用意味着无法与硬件调试接口建立连接，锁定意味着硬件调试接口受到保护，只能根据安全调试解锁来访问。

（5）安全诊断

安全诊断通过某种认证算法确认客户端身份，并决定客户端是否被允许访问。可以通过对随机数种子生成的非对称签名进行验证或通过基于对称加密算法的消息校验码来验证其身份。

（6）安全通信

为保证通信安全，车辆应具备对来自外部通信通道数据操作指令的访问控制机制、验证所接收外部关键指令数据的有效性或唯一性机制、对向车外发送的个人敏感信息进行保密的措施。

8.2.2　AUTOSAR 信息安全模块

下面简单介绍 AUTOSAR 支持车载信息安全的部分模块。

（1）SecOC

在车载网络中，CAN 总线作为常用的通信总线之一，其大部分数据是以明文方式广播发送且无认证接收，这种方案具有低成本、高性能的优势。但是随着汽车网联化、智能化的业务需要，数据安全性越来越被重视。传统的针对报文添加 RollingCounter 和 Checksum 的方法，实现的安全性十分有限，也容易被逆向破解，进而可以伪造报文控制车辆。

SecOC 是在 AUTOSAR 软件包中添加的信息安全组件，主要增加了加解密运算、密钥管理、新鲜值管理和分发等一系列的功能和新要求。该模块的主要作用是为总线上传输的数据提供身份验证，可以有效地检测出数据回放、欺骗以及篡改等攻击。

（2）Crypto Stack

为了给汽车软件提供统一的安全加密/解密接口，AUTOSAR 在 4.3 版本推出了 Crypto

Stack 模块。Crypto Stack 是 AUTOSAR 架构体系中负责数据加密保护和密钥管理的模块，由 Crypto Service Manager、Crypto Interface、Crypto Driver 三个部分组成，为应用程序和系统服务提供了标准化的密码服务接口。密码服务可以是哈希计算、非对称签名验证、对称加密等。其主要应用于 ECU 通信加密、SecurityAccess 流程保护和密钥管理等使用场景。

8.2.3 车载 ECU 软件信息安全实现

重卡自动驾驶 VCU 目前还没有实现信息安全。图 8-2 为一种车载 ECU 信息安全实现方案，供读者参考，表 8-9 为对该图各模块的说明。

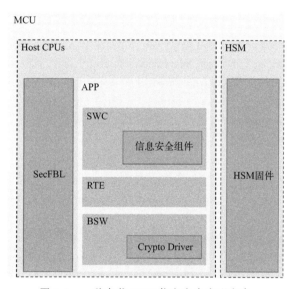

图 8-2 一种车载 ECU 信息安全实现方案

表 8-9 车载 ECU 信息安全实现模块

序号	名称	说明
1	SecFBL	FBL 全称为 Flash Bootloader,可用于 ECU MCU 应用程序、标定、网络配置等数据更新。升级过程大多参考 UDS 诊断协议,需支持通过车内总线诊断更新
2	HSM 固件	HSM 是硬件安全模块的简称,在运行时实现系统的安全、认证启动或主机监测
3	Crypto Driver	密码驱动模块,实现了具体的硬件(如 SHE)或者软件驱动,即可以使用软件或硬件密码算法,管理来自不同应用的加密服务请求
4	信息安全组件	信息安全组件内部包括安全存储、安全诊断、安全日志、安全通信等模块

参考文献

［1］ 宋珂，王民，单忠伟，等. AUTOSAR规范与车用控制器软件开发［M］. 北京：化学工业出版社，2019.

［2］ 朱元，陆科，吴志红. 基于AUTOSAR规范的车用电机控制器软件开发［M］. 上海：同济大学出版社，2017.

［3］ ISO 26262-1. Road vehicles-Functional safety-Part 1: Vocabulary, 2018-12-22.

［4］ ISO 26262-3. Road vehicles-Functional safety-Part 3: Concept phase, 2018-12-22.

［5］ ISO 26262-4. Road vehicles-Functional safety-Part 4: Product development at the system level, 2018-12-22.

［6］ ISO 26262-5. Road vehicles-Functional safety-Part 5: Product development at the hardware level, 2018-12-22.

［7］ ISO 26262-6. Road vehicles-Functional safety-Part 6: Product development at the software level, 2018-12-22.

［8］ ISO 26262-11. Road vehicles-Functional safety-Part 11: Guidelines on application of ISO 26262 to semiconductors, 2018-12-20.

［9］ GB/T 34590.1—2022. 道路车辆　功能安全　第1部分：术语，2022-12-30.

［10］ GB/T 34590.3—2022. 道路车辆　功能安全　第3部分：概念阶段，2022-12-30.

［11］ GB/T 34590.4—2022. 道路车辆　功能安全　第4部分：产品开发：系统层面，2022-12-30.

［12］ GB/T 34590.5—2022. 道路车辆　功能安全　第5部分：产品开发：硬件层面，2022-12-30.

［13］ GB/T 34590.6—2022. 道路车辆　功能安全　第6部分：产品开发：软件层面，2022-12-30.

［14］ GB/T 34590.11—2022. 道路车辆　功能安全　第11部分：半导体应用指南，2022-12-30.